岡 島 滕 人

天 理 教 道 友 社

本書は、一九五一年に初版が刊行された同名の単行本を文庫化したものです。復刊に際して一部編集し、文字遣いや表現を改めました。

序

中外日報の社主、真渓涙骨《またにるいこつ》氏は、岡島氏を評して「天理教の病傑」といわれる。氏のことであるから、この言葉のなかにどんな意味を含ませておられるのかは分からないが、文字通り解釈すれば、病める英傑という意味になる。京大医学部の平澤興《ひらさわこう》博士は「病人の雛型《ひながた》」といわれる。「あの方は、いま以上わるくなってもいけないし、快《よ》くなってもいけませんね」と診断されている。

この人ほど、自分の病気を苦にしない病人はない——どれほど苦しそうに見えるときでも、病むことの有り難さを、いつも感謝しておられる。

氏の病床生活は、かれこれ七、八年にもなるであろう。面会謝絶の札が貼《は》られたことがある。常識では、重体の病人のある家でこれが出ると、もう駄《だ》目《め》だという予告になる場合が多い。そう長くは貼られているものではない。

ところが、紙の色が黄色くなるまで貼られていて、やがてめくられてしまったことが、一度や二度ではない。この生命力の根強さは、単なる精神力ばかりではなく、何かしら一線を越えたものがあるのではないかと思わせられる。

一昨年発刊された氏の『求道遍歴』は、教内では、ごく一部の人を除いてはあまり好評ではなかった。ところが、お道以外の、特に宗教人からは、いまだに好評を博している。なかには海外の基督教《キリスト》の、こうしたものに比較して些《いささ》かの遜色《そんしょく》なしとまで激賞している人さえある。氏には、教外の方に知己《ちき》が多いのかもしれない。


氏のアルバムに、二十年ほど前のもので、一人の僧侶と並んだ写真がある。この僧侶は現在、真宗大谷派の宗務総長暁烏敏《あけがらすはや》氏で、当時、異安心《いあんじん》問題で異端者と目され、東本願寺からは冷たく見られていた人である。同じころ、岡島氏も素人会《そじんかい》なるものを主宰《しゅさい》して、教内の一部から多少の誤解を受けておられたと思う。

歳月の流れは不思議なものである。

氏は病床にあって、お道の現状と将来を、広い視野から絶えず真剣に考えている。烈々と語る。さながら青年の情熱である。これが、教内外の人々を惹《ひ》きつける氏の魅力であろう。水のような冷静さの奥底に、あまりにも激しく燃えたつ熱情――健康であればこの焔《ほのお》は、あるいは氏の生命を奪っていたかもしれない。病が、むしろ寿命をのばしているのではないかとさえ思う。

岡島氏の名は、お道の人々に早くから知られている。それでいて、いつまでたっても古人とはなられない。いまも若い人のように瑞々《みずみず》しい。全く不思議な人である。この書は氏の若いころからの信心の記録ともいうべきもので、本書を繙《ひもと》く人は必ずや、これまで心づかなかったお道の光にうたれることであろう。広くお薦《すす》め申したい。

昭和二十六年四月

道友社社長　　礒田義三郎

目次

生活について……129

信仰について

信心と生活

他人の欠点は眼《め》につきやすいものである。そういうよりは、欠点が、他人のうえに現れた時、はっきり認識されるものだが、それと同じ欠点が、自分自身のうえに現れても少しも気がつかぬことが多い。これは人間の浅ましい錯覚であろう。

だから他人のうえに欠点を見つけた時は、同時にそれが自分のうえに現れたものとして、するどく反省する必要がある。私たちは常に人々から、毎日尊い教えを受けることができる。

◇

すべての人々が師であるということは、すべての人々から教えを受けとるだけの謙譲さと聡明さとをもつ人でなくては、悟り得ぬ境地であるかもしれぬ。

この世界はいつも公開せられている。公開せられていながら、その世界の見える人と、見えぬ人とがある。それが信心の世界であるとも言えるのではないか。

◇

心の持ち方が大切だということを、よく聞かされもし、語りもしてきたが、その心の持ち方をよくしようとするには、どうしても生活自体をよくしないと、心の持ち方だけをよくしようとすることは無理ではないか。

信心は心の問題だとも言い得るが、また信心は生活の問題ではないかとも言い得るのではないか。

◇

信心ということは、神様に手を合わして拝むことである、仏様に礼拝することであると言えば、なかには、あるいは私は信心などの必要はないと言う人があるかもしれぬ。

信心ということは、自分の生活を調べ、自分の心の持ち方をよくし、そして、生活全体がよい方向に導かれることであると言うならば、信心など必要でないと言い得る人は誰《だれ》もあるまい。

◇

神とは何ぞや、宗教とは何ぞや、というようなことを、寄るとさわると議論するのが信仰の生活であると考えている人もあるようだが、暇《ひま》な人たちだと思わずにはおれない。そんな定義や理屈はどうでもよい。日常の生活さえ、よどみなくさらさらとゆけたら、そんなことはどうでもよいのではないか、という気がする。

何が尊いというても、自分の生活を日々新たに、清々《すがすが》しく充実せしめていく人の姿ほど尊いものはあるまい。

信ずるものの強さ

宗教を信ずるということと、人生に活《い》きるということとは、同じことである。最も本質的な生き方をすることを、宗教を信ずると言うのである。

信ずるということは、聖なる生命の呼吸そのものである。

穏《おだ》やかな時には、かなり信心深く見えている人も、ひとたび何かの動乱のなかに渦巻かれると、いつの間にやら信心を失ってしまうことがある。

かかる人々は、信じていたのではなくて、信じているつもりで、その実は神を玩具のように弄《もてあそ》んでいたのである。

生命的なものは、平素は意識しないでも、真剣になると、いよいよ力強く光ってくるものである。

穏やかな時には玩具で遊ぶのもよいが、玩具はまさかの時には役立たぬ。

◇

問題に遭遇して、自棄《じき》せず、悲観せず、むしろそれを契機として、将来の生活に一段の向上と光明とを発見する生活が、信心の生活である。

◇

信心は、身辺に襲いくる苦悩から逃避しようとする消極的な態度ではなく、むしろその苦悩を通じて、さらに大きく、さらに深く人生の意義を悟得《ごとく》し、将来ますます力強い生活にまで進めるものでなくてはならない。

◇

彼は本当に信心が嫌《きら》いであった。自分の最愛の妻が、入信したということを打ち明けた時でも、烈火の如《ごと》く叱《しか》りつけた。

それでもなお入信するのならば、離婚してやると断固として言い放った。

その後、その妻君が不幸にして病気になった。彼は早速、阪大の病院に入院せしめて十分に看護をした。それにもかかわらず病勢は快方に向かわず、一日一日進んだ。ついに医長、某博士は彼に絶望を宣告した。

彼としては人事の限りを尽くしたのだから、もう悔《く》いはないはずである。

しかるに彼は、頼りにする某博士にさじを投げられてしまって、たまらなくなったのであろう。時間もかまわず私のところに夜中おそく飛んできて、どうか神様にお願いしてくれと泣いて頼んだ。

もちろん、依頼さるるままに、私は彼とともに心から神様に祈願をこめた。

しかしその翌朝、最愛の妻は帰らぬ旅路に出てしまった。

彼女の入信を許さなかったから死んだのではない。もちろん病院に入院せしめたから死んだのでもない。人事の限りを尽くしていけなかったのだから、彼女としてはもう、それまでの運命であったのであろう。

しかし、これによって私の学ばされたことは、信心をもたぬものは、特に信心のない男は、余裕のある間は強そうなことを言ってはいるが、さて切羽《せっぱ》詰まってみると、実に弱いものであるということを、しみじみ思わせられた。信心をもつものは、平素は弱そうに見えることがあっても、いざ鎌倉という時には、なかなか落ち着いたものである。

病気が治るとか治らぬとかいうことが信心の利益《りやく》でなくて、いざ鎌倉という場合に、信心の利益というものが、その態度のうえにあまりにもはっきり現れるということを、しみじみ感じさせられた。

信心の一夏一冬

生まれたばかりの赤ん坊も、一夏一冬を越すと、かなり丈夫になるものである。暑い夏と寒い冬とを越すと、抵抗力ができるからである。

信心でも一夏一冬を越さねば本物にならぬ。大概の人は行き詰まったどん底で信心を求める。そして、順境になって苦しみがなくなってくると、いつとはなしに信心が薄れてゆく。「苦しい時の神頼み」といった信心なら誰《だれ》でもする。苦しさが過ぎたら信心も解消する。こんなものを信心だと思うと、大間違いである。

信心は、順逆、禍福《かふく》、いずれの時に遭遇しても少しも狂うことなく、折にふれ、事に当たるごとに堅実に伸びてゆくものでなくては嘘《うそ》である。

平和な時だけ大きなことを言っていても、一朝、破産だ、大病だ、死だ、失恋だとなると、平静を失ってしまうようでは、何のための信心だか分からぬ。これでは本物ではない。

幸福の頂上にも、不幸のどん底にも動じないものがなくてはならぬ。

一夏一冬を越すことは、肉体の成育にも、魂の成人にも大切なことである。

内に求めよ

純一なところで、自らの生命を育ててゆく営みほど、ゆかしい生活はない。他人の批評にのみ心をうつしているようなことでは、いつまでも落ち着きのある生活を味わうことはできない。信心の生活は、落ち着きのある生活でなければならない。

静かに自分を見つめると、浮いた世間を、浮いた心でさまようているような姿が見える。恥ずかしい気がする。もう少し落ち着きのある生活をしたいものだと、しみじみ思わせられる。

◇

どこかによい所がなかろうか、住みよい天地がありはせぬかと、求め回っている人々がある。

こんな人々は、一生涯、住みよい所を求め歩いても、ついに出合うことはないであろう。天国はあまりに高くて、飛行機も間に合うまい。西方の極楽浄土もあまりに遠くて、汽車や汽船の間にも合うまい。

己の内に求むることなく、ただどこかよき所があればと人生をさすらうものは、常に運命を頼みにしている人であって、運命を頼みにしているものほど救われ難いものはない。信心はいつも自らを開拓してゆくものでなくてはならぬ。

◇

完成された自由の世界などは、どこにもない。

自由の世界は、常に自分の願いが表現され、創造され、建設される世界でなくてはならぬ。自由の世界は、草鞋《わらじ》ばきで探して求め得らるべきではなく、自分自身の内に燃ゆる信心によって建設すべきである。

内に燃ゆる願いのないものには、永久に自由の世界は与えられぬであろう。むしろ一生、牢獄《ろうごく》から牢獄への旅を続けねばならぬであろう。どうでもこうでも、成っても成らいでも……という燃ゆる信念こそ、自分の世界を開拓するただ一つの道であろう。

喜び常にあり

朝起きる時から夜床に就くまで、食事をするのでも、人と話をするのでも、もちろん読書をするのでも、おそらく片時、半時も眼《め》を使わぬことはない。本当に覚めてから寝るまで使い通しているのは眼である。

眼のよく見えるということほど、有り難いことはないはずであるのに、眼を病んだことのない私は、眼の有り難さにどれほど感謝しているか……思うと、罰の当たるほど無関心である。

破れ提灯《ちょうちん》を借りてさえ、昨夜は結構な提灯をお借りいたしましたので、おかげで暗い道中も無事に帰らせていただきました、ありがとうございましたと、お礼を述べることを知っている。

お礼を述べるだけではない。新しいろうそくを付けて、菓子折りの一つも持ってお返しすることをさえ知っている人間が、こんな重宝《ちょうほう》な、使っても使っても減ることのない、限りなく有り難い眼を、どうして本当に有り難いことだと心から感謝しないのだろう。

この眼がなかったら何ほどのことができるであろうか、一日の生活がどんなに不自由であろうか、この眼のおかげで何でもさせていただけるのだ……ということを思うと、その有り難さに感謝しても、し尽くせぬはずである。

◇

こんな恩知らずな気持ちは私だけだろうか。

眼を病んだことのない人々の大方は、そんなものではないだろうか。思うと、人間は愚かなものである。有り難いことを限りなく受けておりながら、有り難さを忘れているほどの健忘症にかかっている。

もし数多い人々のうちで、本当に眼の有り難さをしみじみ感じている人があるならば、それは眼を病んだことのある人であろう。

◇

歯を失《うしの》うてしまった私は、いまさらのように歯の有り難さ、歯の大切さをしみじみ思う。

しかし、抜いた歯はもう再び生えてはこない。どんなに悔《く》いても、どうにもならぬ後の祭りである。

私の貧しい布教生活の経験のうちで、幾日か食べるもののなかった日の続いたことがあった。

その時、思いもかけぬ、柳行李《やなぎごうり》の底から出てきた一袋のハッタイ粉。私は涙なしには頂くことができなかった。

物の有り難さに泣いたのは、その時が初めてであった。母親の行き届いた心に泣かされたのも、その時が初めてであった。

不自由は、ものの尊さを無言のうちに教えてくれる。可愛《かわい》い子供には旅をさせよ……誰《だれ》が言ったのか、実に言い慣らされてきた平凡な言葉ではあるが、神言のように、いつまでも生気を失わぬ光を放っている。

◇

不自由は尊さを教え、有り難さを知らしてくれるものであるが、有り難いのは、不自由にあるのではなく、自由用《じゆうよう》にあるのである。

自由用の守護を頂いている時に、本当に有り難さを自覚するような、正しい信心でなくてはならぬ。

「貧しきものは幸いなり」とキリストは教えたが、富めるものはさらに幸いであることを知らねばならぬ。

◇

いくらでも働き得る健康に恵まれながら、今日は寒い、今日は暑い、今日は雨だ、今日は風だと、健康の喜びを忘れて不足を言う人がある。

しかし、再び立つことのできないような重病人になると、どうかもう一度元の健康な身体《からだ》にならせていただきたい、もう一度健康に恵まれるようなことがあれば、どんなに苦しい働きも、喜び勇んでさせていただくのだが……働ける人は幸いである、健康ほど有り難いものはない……と言う。しかし、どんなに思っても、どうも仕方がない。

人間ほど勝手なものがあろうか。

◇

信心は病める人や悩める人たちにのみ、大切であるように思うことは大きな誤りである。健康な人、苦悩なき人々にこそ信心は大切なのである。

不自由を知らぬ人は、有り難さを知らぬからといって、それでいいのではなくて、不自由を知らなければこそ、有り難さを自覚せねばならないのである。

眼のいい時に眼の有り難さを知り、歯のいい時に歯の有り難さを知り、身体の健康な時に健康の有り難さを知って、精進に怠《おこた》りなければ、人生に過ちはない。

正しい信心は、この自覚を言うのではないだろうか。

病気がたすかる、運命が開かれる、その目的のためにのみ信心が大切なのではでは断じてない。過ちのない正しい人生の羅針盤《らしんばん》として、信心は全人類になくてはならぬ大切なものである。この信心を培《つちこ》うてくれる宗教こそ、今日および明日の宗教でなければならぬ。

感謝の心

天地一切に対する考えということを、しみじみ思わねばならぬ。真に心の底《そこ》からこのことを思う時、人も物も、損なうことはできぬ。一切をそれぞれ活《い》かさねばならぬと思う。

どんなものに対しても、感謝の念が湧《わ》く。ばかにしてはならぬという気が起こる。

けれども多くの場合、表面的に動いている時には、どうしても直接の利害に捉《とら》われ、大局を見失うことが多い。

天地一切に対する感謝と報恩を忘れがちである。

自分に都合のいいものだけを愛するような、身勝手な態度をとることが多い。

天地一切からのご恩を知らぬ間は、どんなに才能があり、権勢があっても、神様からは遠い所に立っている。他に対して恨《うら》み、妬《ねた》み、呪《のろ》いのある間は、決して神のほうに向かって進むことができぬ。

◇

世界は大きい。

自己は小さい。

しかし小さい自己もまた、大きい世界の一部である。世界の大きな立場から、自己を見つめることを怠《おこた》ってはならぬ。小さい自己の立場から、大きなものを見ることは誤りである。

神の意思と、世界の大きい立場からそれぞれを見つめ、それぞれを活かすことが何よりも大切なことではあるまいか。

◇

彼女は八百屋へ果物を買いに行った。果物を受け取って代金を支払う時に、丁寧《ていねい》に「ありがとうございました」とお礼を述べた。もちろん八百屋の主人も、丁寧に「ありがとう存じました」とお礼を述べた。

互いに「ありがとうございました」と、お礼の挨拶《あいさつ》を述べ合う情景を見るほど、和《やわ》らいだ気分に浸されることはない。

銭さえ出せば我々はお客だ、何の遠慮などする必要があるものか……などと言う人のあるのは、実に寂しい思いがする。こんな気持ちで生活する人は、何でもないようであるが、実は非常に大きな損失をしているのではないかと思う。

代金さえ支払えば品物を受け取るのは当然の権利だという、それはその通りである。決して間違っているとは言わぬ。しかし、こうも考えることはできないだろうか。

払うから権利があるという考え方でなしに、自分の欲しい物を貰《もら》うのだ、だから、その感謝のしるしとして代金を受け取ってもらうのである……というような思い方で暮らしたら、同じ生活をしていても、どれほど和らいだ明るい気持ちで一日を過ごし得るであろうか。こう考えるのは、決して私一人ではあるまい。

代価さえ支払えば受け取るのは当然であるという、冷たい権利と義務の世界にのみ生きている人の生活ほど、味のないものはあるまい。

物はどんな物でも、それを手にする人の心持ち一つで死んだり生きたりするのである。

◇

信心ということは、また恩を知る生活であると言うこともできる。

我々がこの世に生まれてくることも、育てられてゆくことも、また来る世に出直してゆくことも、ことごとく恩につつまれて営まれているということを、しみじみ思う。私たちが宇宙の外に一歩も出ることができないように、恩愛の外に一歩も出ることはできない。

◇

静かに思案すると、私たちの受けているどんなささやかな……と思わるる恩に対してでも、その恩を、もうこれでよいというまでに返し切ることは、絶対にできるものではない。

◇

世の中のことを、物と物との関係と思うてしまう人には、恩は極めて簡単であるかもしれぬ。十円借りたら十円返せば、それで済むのである。菓子折りを頂いたら菓子折りを返せば、それで済むかもしれぬ。

しかし、信心の世界は、有限の物と物との関係だけではなくて、限りなき心と心とのつながりの世界である。

◇

物を買《こ》うても、人に事を頼んでも、代金さえ支払えば、借金さえ返せば、それで万事が済んだように考える人があるならば、それはあまりにも心のないことではなかろうか。

◇

私はよく肩を凝《こ》らす。したがって、時に按摩《あんま》を頼むことがある。一生懸命に揉《も》んでくれる。済んで賃金を支払う時に、いつも先方から要求せられただけのお金を支払《しはろ》うて、それでよいのだろうかと、何となくそれだけでは済まないような心になることがある。先方は商売、こちらはお客様だから、要求されたお金さえ渡せばそれでいいはずである。先方にも不足はないはずと言える。しかし、それだけではどうも済んだ心持ちのせぬことが多い。私の苦しみを解くために捧《ささ》げてくれた心尽くしと努力、またそれに要した時間などを思うた時、ただ賃金だけで、それで済んだとは思えないのである。心からありがとう、どうもすみません……と言わずにはおれないのである。

自動車や人力車に乗っても、同じような気持ちがするのである。

もちろん、その時と場合にもよるのであろうが、どうも賃金だけでは済まぬ心持ちがする。すみませんでした、ありがとうございましたと、心の内でお礼を申さずにはいられないのである。

◇

知らない所へ旅をして、親切に教えられた道筋。それは知るものには何でもないことであるかもしれないが、分からぬ道を教えられた旅人にとっては、いつまでも忘れ得ぬ喜びである。

汽車の旅をしても、赤帽やボーイから、わずかな賃金や謝礼の金で丁寧《ていねい》に頭を下げられると、どうしていいか分からぬことさえある。本当にすまぬと思うことが多い。

◇

近ごろ電車やバスに乗ると、車掌《しゃしょう》が何事か乗客にものを言う時、まことに相すみませぬが……と断りを入れるのを耳にするが、これはまことによい言葉であると思う。

私たちの生活を、何らかの意味において助けてくれる一切のものに、よしそれがいかにささやかなものであろうとも、その恩徳に対しては、決して報謝を果たし得るものではないのだから、相すまぬことばかりである。

◇

私たちのうちに、満たされない心持ちの起こるのは、それは限りなき恩徳を忘れている時である。私たちがこの限りなき恩徳をしみじみ感じる時、ただ感謝の念が起こり、歓喜の心が湧《わ》くばかりである。

限りなき恩徳を知ることによって、自《おの》ずから報謝の念が生まれてくる。報謝の心は、報いても報いても報い得ない、さらに広大無辺のご恩徳を感ぜしめる。

私たちがこの報い得ない、広大無辺な大恩のうちに生を享《う》けていることを思う時、一切のものが、ただ尊く、有り難く感ぜずにはおれないのである。

信心の歓《よろこ》びはこれである。

◇

信心は物の世界のみではなくて、心の世界である。

私は恵まれていると、しみじみ思うことがある。そんな時には、何事にも頭が下がる。もったいない気がする。怠《なま》けておれないような心持ちがする。心を打ち込んで働けるような気がする。

◇

すべてを任せきって、生かされてゆく心持ちほど、有り難いものはない。どうして生きてゆこうかという、さかしいはからいを超えて、すべてを生かしてくださる神様の懐《ふところ》にいだかれてゆく心持ちこそ、すべての宗教に通じる底《てい》の境地であろう。

ここまで辿《たど》りついた人は、すべての宗派を一つに味おうている人である。信心にふれるということは、この底の境地にふれることである。

焚《た》くほどは風がもてくる落葉かな

草深い庵《いおり》に、一人乏しい生活をしておられた僧良寛《りょうかん》の、悠々《ゆうゆう》せまらざるゆかしい姿がしのばれる。

人格のにおい

信心のできている人には、一種のにおいがある。話しぶりや服装はまねることができても、その人全体から発散する人格的なにおい、それは一朝一夕《いっちょういっせき》にまねることのできるものではない。

色や形のあるものならば、比較的説明もしやすいし、説明を聞けば分かりやすくもあるが、においだけはそのもの自体に接しないと、どうも本当に分からぬような気がする。

梅の花をかぐと梅のにおいが分かるし、バラの花をかぐとバラのにおいが分かるが、梅に接しないで梅のにおい、バラに接しないでバラのにおいを知ろうとすることも、知らせようとすることもできるものではない。

においは実に神秘な存在だと思う。どこか深い深いところから流れ出てきて、いつも発散している。色や形のように外部的に変えることができるものではなくて、全く本質的なもののようである。

◇

人間には誰《だれ》にでも、その人その人の人格のにおいというものがある。高いのも、低いのも、いいのも、そうでないのも、いろいろある。そして、そのにおいは、いま俄《にわ》かにどうすることもできるものではなくて、全く平素に培《つちか》われたものである。

稔るほど頭を垂れる稲穂かな

欠点の多い人より欠点の少ない人のほうがいいに決まっている。しかし、俺《おれ》には欠点はないと鼻高々でいる人よりも、自ら欠点の多いことを知って恥じている人のほうが、はるかに懐かしい。

教育のない人よりは、教育のある人のほうがいいとは思うが、教育のあることを鼻にかける人よりも、教育のないことを知って謙虚な心持ちでいる人のほうが、どれだけ尊いか知れぬ。

道の苦労を知らぬ人よりも、道の苦労を通ってくだされた人のほうが尊いには違いないが、それでも苦労の道中を通ったことを自慢して人を見下げるような人よりも、苦労の道中を知りませんでと、低い心持ちで通る人のほうが、よほど親しく思える気がする。

信心のある人というのは、欠点が少ないからといって鼻にかけず、学問があるからといって反り身《そ》にならず、苦労の道中を通ったからといって慢心を起こさぬ人である。むしろ信心が進めば進むほど、己の足りないことが自覚されてきて、低い、謙虚な心になるのでなくてはならぬ。一かどの体験で悟りを得たように思うている人に、信心などありっこない。

稔《みの》るほど頭《こうべ》を垂れる稲穂かな

よい句である。

素心

お道の古い先生のなかに、これはよく聞くことであるが、おまえたちは何も分からせん、もっと苦労しなければだめだ、とおっしゃる方がある。そして、自分は一かどの自覚者だという態度で話される。

道は、そんなに固定したものではないはずだ。道を得ていると思うこと、そのことがすでに、道を見失《みうしの》うているのだ。自分に呼びかける言葉は、いつも新しく生きているが、他人に語ろうとする言葉は、いつも古くて死んでいる。

進むということは、いつも新しい道を行くことである。通ってきた古い道を語るのは、後ろへ退いているのである。

自ら悟ったなどと思うている人は、大概、後ろへ退いている人だ。よく考えてみたら分かる。

◇

「素直な心」なしに、いくら教理を研究しても、お話を聞かされても、お腹《なか》に入るといろいろな作用を起こすとみえて、よい教理も、よいお話も救われる力にはならないで、かえって心を複雑にすることがある。

「素直な心」に植えつけられたよい教理、よいお話は、大きな力で己を生かしてくれる。「素直な心」には力が潜んでいるように思う。「素直な心」というのは、我《が》の打ち砕かれた心である。己を空《むな》しくした時に、奥底のほうから現れてくる心である。

我を打ち砕いてしもうたら、誰《だれ》にも現れてくる一つの心、それが「素直な心」である。信心の生活に入ろうとするものが、いろいろな考えを詰め込もうとするのは愚かなことだ。むしろ、いろいろな考えを掘り出してしもうて、底に沈んでいる、誰にも通ずる素直な道にふれることが大切である。

二つの拝み方

先方の徳が非常に高くて、その徳の輝きが自分自身のうえに迫ってきたという時には、自然に頭が下がって、拝まずにはいられぬようになる。これが拝み方の一つ。

さらにもう一つの拝み方は、教えをだんだん深く悟らしていただくようになると、自分の無力、自分の正体というものがおいおい分かってきて、いままで積もっていた自分の我が打ち砕かれてしまう。その時には、相手が誰であろうと、拝まずにはいられぬ気持ちになる。

前者の拝み方は誰《だれ》にでもあることだが、後者の拝み方は、信心のある人でなくてはできぬ拝み方である。

後者の拝み方には、先方の徳がどうのこうのと、そんなことにかかわらず、いついかなる場合も拝まずにはいられぬのであるから、拝み方としては一番確かなものであろう。

相手に拝まされるのでなく、自分を掘り下げることによって、内から湧《わ》き上がってくる拝み方であるから、これが本当の拝み方であろう。

心の掃除

ある布教者が病者にさんげの道を諭した。病者は苦しい病床から、こう言った。私はいま、神様の前でさんげする何ものもない。私は今日まで悪いと思うようなことは一度もした覚えがない。私自身にさえ覚えのないほこりを、どうしてあなたが知ることができるのか。あなたは病気という弱みにつけ込んで、私をばかにしているのだ。

布教者も言うた。私があなたをばかにして、どれほどの得があろう。どうか考え直してもらいたい。しかし、ほこりというものは、決して自ら意識して積むものではない。掃除をしてもしても、たまるものがほこりである。ほこりをためようと思っているものは誰一人としていない。けれども、ほこりはたまる。さんげは、そのたまった心のほこりを掃除することである。

試みに、あなたの着物のたもとを裏返してご覧なさい。あなたは入れた覚えがなくとも、きっとほこりがたまっている。

病者はそっと掛け布団の下で、自分の着物のたもとに手を入れてみた。そして、たまっているほこりのあることに気がついて、私は悪いことを言うた……と、心からさんげをした。

さんげは、心の底にたまっているほこりを掃除することである。さんげのない生活には必ずほこりがたまっている。

まず我が身を修めよ

学校にいる時分には、ばかにしていて、どうも本気で味おうてみる気になれなかった古い孔子《こうし》の言葉が、このごろになって、しみじみ私の心にこたえるようになった。

孔子は「古《いにしえ》の明徳を明らかにせんと欲する者は、先《ま》ずその国を治む。その国を治めんと欲する者は、先ずその家を斉《ととの》う。その家を斉えんと欲する者は、先ずその身を修む。その身を修めんと欲する者は、先ずその心を正しくす」と。このごろ特に、この言葉の尊いことを味わわせてもろうている。

いかなることも、まず自分がもとである。自分自身が修まらないで、他を治めようなどとは、まことに無理な願いであるということを、深く感じさせられている。

◇

プラトンの有名な対話篇のなかに、こういう話がある。

ソクラテスの弟子に、アルキビアデスという青年があった。この青年は、非常な名門から出た人であって、将来は大政治家になろうという目的をもっていた。そして毎日、政治学の研究にいそしんでいた。

ある日のこと、ソクラテスがこのアルキビアデスに向かって、

「おまえは何をそんなに勉強しているか？」

と尋ねた。アルキビアデスは早速、

「私は政治学を研究いたしております」

と答えたので、ソクラテスはさらに語を継いで、

「そうか、政治学を研究しているのか。その政治学というのは、いったいどういうことをする学問なのか？」

「それは、多くの人を治める道を研究する学問であります」

「ハハァ……それではおまえは、人を治める道を研究しているのだね」

「左様でございます」

「それでは重ねて尋ねるが、人を治めるというおまえ自身が、自分を修める道を知っているのか。そして、修まっているのか……」

「そう問われてみると、私はまだ、自分自身をどう修めてよいか考えてみたことがありません。そして、少しも修まっておりません」

「自分が自分を修め得ないものが、どうして人を治め得るのか。それでもおまえは治め得ると思うているのか?」

「自分を修めることを思わないで、人を治めようなどと考えていたことは、大きな間違いであったと、いま初めて知ることができました」

「そうだ。人を治めようとするものは、まず自分を修めることだ。自分を修めないで、人を治めようなどと考えることほど、愚かなことはない。まず自らを知ることだ。そして、自らを修めることだ。これができて初めて、政治家になることができるのだ」

ソクラテスは、そう懇々《こんこん》と弟子に説いたのである。

ソクラテスのこの言葉は、今日の誰《だれ》もが噛《か》みしめてみる必要があるように思う。

◇

このあいだ大島のほうへ旅をした。その時、面白《おもしろ》い新聞記事を見た。大島のある学校では、先生はみなくりくり坊主《ぼうず》にならねばならぬ、洋服はすべて詰め襟《えり》にしなければならぬという意見を、校長が発表したというのである。そして、もしそれに従わぬ教員があれば、いつでも首を切るということであった。私は、いかにも管理職らしい意見だと思うて、その記事を読んだ。くりくり坊主と詰め襟とで財政の緊縮ができるのなら、わけのない話である。緊縮ということには私も賛成するが、坊主頭になることや、詰め襟を勧奨する前に、もっと大きな問題が忘却されているように思う。

真実の緊縮というものは、やっぱり心持ちから出たものでなければだめだと思う。いまの人間は、みな上すべりばかりして、形に走り、物質にのみ心を寄せて、物欲の奴隷《どれい》になってしもうている。人間の心が、物質に支配せられ、物欲にふけっている時は、どうしても心がルーズになる。緊張のない心で何かをしようとしても、力が湧《わ》くものではない。何とかして緊張を徹底せしめようとするならば、ただ物質的な経済上のことのみでなく、魂の問題にまでふれなければ嘘《うそ》であろう。

人間各自が奥底の魂に油をそそいで、ある一つの清い願望に燃え上がった時は、生活は自《おの》ずから緊張せずにはおれない。一言一行に隙《すき》がなくなってくる。この心から生まれてきた生活こそ、本当の緊縮である。奥底の魂から燃え上がる願望というのは、いわゆる宗教的な信念のことである。

今日の人間の生活には、一番大切な信という基礎が欠けている。だから、いつもふわふわと浮いているのである。こんな浮《うわ》ついた心で、よしや坊主頭になり、詰め襟を着たところで、どこまで緊縮生活ができるか、あやしいものである。

◇

いったい日本の政治家やお役人たちは、どう考えておられるのか知らぬが、自分たちの言うことは何でも正しいくらいに思うているのかもしれない。しかし、そうは問屋が卸《おろ》さない。

小役人が上役人の前へ出たら、何でもご無理ごもっともで、ペコペコ頭を下げておられるかもしれぬが、それで上役人が上機嫌になっているのなら大間違いである。それは鼻の下が可愛《かわい》いのでする芸当なのだ。飼い犬が主人の前に出て、お頂戴《ちょうだい》をするようなものだ。あわれといえばあわれ、可哀相《かわいそう》といえば可哀相である。

実際、民衆が、この人に指導を求め、教化を託したいと心から思う人が、浜の真砂《まさご》ほどある大小の官吏《かんり》、政治家のなかに幾人あるだろう。

外国でもそうかどうかは知らぬが、とにかく日本の政治家やお役人などという人たちは、自分たちは一般民衆より一段高い特別な階級にある人間だと思っているらしい。だから、自分たちは人を治め、人を教え、人を導く人間であると考えているように見える。これが、そもそもの大間違いなのである。

自ら修め、自ら学び、自ら求むることのない人間が、どうして他を治め、教え、導くことができよう。各自が浮ついた心から目覚めて、等しく魂にふれた生活に入ることである。人間の一人ひとりが自覚するようになれば、誰《だれ》が誰をどうこうしようなどと政策を施《ほどこ》さなくとも、民衆は前へ進む。国は向上する。こんな階級意識を捨ててしまわなければ、いつまでたっても日本はよい国にはならない。

いま、日本が求めている人は、人や国を治めようとする職業的政治家ではなく、自らを修めようとする真の政治家である。人を教えようとする職業的教育家でなく、自ら学ぼうとする真の教育家である。

もう、古いおかしな型にいつまでも捉《とら》われないで、抜けきりたいものだ。そして国民全体が、おのおの自分の生活を本気で見つめ、精進を怠《おこた》らないで、進んでゆきたいと思う。

よろいを脱ぐ

人々が、主義や、職業や、地位や、立場というよろいかぶとに身を包んで、互いに隔てをつくったり、争うたりしている姿を、私は自身のうちに発見することがある。そんな時ほど、自分自身の姿があさましく感じられることはない。

互いに打ち解け合いたいという願望がもとになっている、世上の宗教生活のうちにさえも、地位や、立場や、主義のよろいかぶとに身を固めて、互いにしのぎをけずっている姿を見ると、つくづく嫌《いや》になってしまう。

◇

私は寂しいのであろうか、むやみに人間が懐かしくてならない。地位や、立場や、主義や、宗旨を異にすることで、人と隔たったり、人と争わねばならぬのだったら、私は、これら一切のものを捨ててしまいたいという衝動に駆られる。

今日の既成宗教には、もはや生命がないといわれているのは、この宗教本来の精神を見失ってしまって、宗教それ自身が主義となり、職業となり、立場となり、地位となって、自らを護《まも》るよろいかぶとになっているからだと思う。

人事の限りを尽くして

神にもたれると言うが、もたれるということは、単なる依頼心であってはならぬ。人事の限りを尽くして、しかるのちに神様にお任せするというのが、神様にもたれるということではあるまいか。

人事の限りを尽くして神様にお任せする、この境地には悔《く》いもなければ失望もない。不満もなければ不平もない。

人事の限りを尽くさぬ時にのみ悔いが生じ、また神にも任せきれず、人頼みで都合のいい結果を望んで裏切られた時に、不平が生じ、不満が生まれるのではあるまいか。

棚の上のぼた餅

尊敬するということと、祭り上げるということとは、似て非なるものである。

私たちはややもすると、尊敬する対象を高い所へ祭り上げて、拝み奉《たてまつ》ってしまう傾向がある。

棚《たな》の上のぼた餅《もち》は、どんなにうまいぼた餅であろうと、口に入らぬ以上、無いに等しい。いかにこれを渇仰《かつごう》しても、棚の上のぼた餅のほうから、転がってきて口の中へは入ってくれない。棚の上のぼた餅は、依然として棚の上にある。

◇

棚の上のぼた餅は、自分の手を差し伸べてそれを摑《つか》み、それを食い、それを味わい、それを消化させて初めて値打ちがある。

偉大な人物に対する場合においても、いたずらにこれを偶像化し、むやみに高い所へ祭り上げて拝むだけでは、何の価値もない。

親の心に生きる

親を信ずるということは、親の愛に甘えるということであってはならない。親の精神に生きるということである。たとえば、親が苦労して子供のために財産を遺してくれたとする。その財産に甘えることなく、その子もまた親の精神に生きて、子孫のために自ら苦労するのでなくては嘘《うそ》である。親の精神を継いでゆく家は栄えるが、親の愛に甘える家は、やがて滅びるであろう。

宗教家もそれと同じである。宗祖の精神を失わぬ間は栄えるが、宗祖の慈愛に甘えたり、宗祖の偉大さを利用して利己に心を寄せかけたら、もう末路である。

宗教を売るもの

何事をするのでも、自分自身の本当の心に問わないで、他人の顔色と世間の評判とでする人がある。

観客の気持ちにのみ心を寄せる興行師と、少しも変わるところはない。

信心の生活は、自分自身の生命の救いであり、本心の念願に燃える生活であるから、芝居気はないはずである。

◇

私どもの日常生活を省《かえり》みると、まるで興行師が芝居を打っているような気がする時がある。自分の本心が動かぬのに、他人や世間の顔色で動いていることが、まことに多いのである。

こんな生活には、生命が入っておらぬ。いい加減な、間に合わせの生活である。何の力も湧《わ》いてこない。

◇

私は自分の生活に、この芝居を見る時ほど、寂しい気持ちにならされることはない。そして人の生活に、それを見る時ほど、また気の毒に思われることはない。

役者が芝居をしているのを見ても、別に何とも思わぬが、宗教家が芝居を打っているのを見ると、田舎《いなか》回りの大根役者よりも、ずっと見劣りがしてならぬ。

◇

ある説教師の説教を聞いて、あんなことまでまことしやかに言わなければ、おまんまにありつけないかと思えて、気の毒に堪《た》えられぬことがあった。

僧侶の説く仏の慈悲、牧師の教えるキリストの愛、教員や官吏《かんり》の言う博愛や忠君愛国は、道行く人に片っ端からくれる広告の印刷物みたいな気さえする。有り難くもなんともない。かえって面倒な気さえする。もちろんこれは、みながみなというわけではない。

◇

高い所から大きな声を出す偉い人よりも、一人の人間の魂を本当にいだきしめてくれる凡人のほうが、はるかに有り難い気がする。悟りきったようなお話よりも、凡人の素直な悩みの懺悔《ざんげ》を聞かしてもらったほうが、どれほど心が洗われるか知れない。

◇

教理は伝道の道具ではない。求道の目標である。教理を売り物にする伝道は、道を狭《せば》める。教理を求むる凡人のみ、道を立てるのである。道の宝は求道の凡人である。

生活者

お釈迦《しゃか》さまが修行しておいでになるころのある日、一羽の鳩《はと》がお釈迦さまの懐《ふところ》に飛び込んできた。お釈迦さまは大変可愛《かわい》く思われて、その鳩をいたわっておいでになった。

そこへ、一羽の鷹《たか》が、その鳩を目がけて飛んできた。あたりをキョロキョロ見回しながら、お釈迦さまに「いまここに、一羽の鳩が飛んできませんでしたか？」と尋ねた。お釈迦さまは、たったいま飛んできて、私の懐で、これこの通り小さくなっている、と申された。すると鷹は「どうぞ、その鳩を私に下さい。私はいま飢えています。その鳩を食わねば餓死します」と言った。

鳩を鷹にやれば、鳩は死ぬ。鳩をたすけてやれば、鷹は死ぬ。鳩をたすくべきか、鷹をたすくべきか――。

お釈迦さまは、説教師ではなかった。鷹に鳩を許すべき慈悲を教えもせず、鳩に因縁の諦《あきら》めを説きもせず、黙って自分の股《もも》の肉をそいで、鷹に与えられた。

鷹は食を得て、餓死をまぬがれた。鳩は鷹のえじきになるのをたすけられた。鷹は喜んだ。鳩も喜んだ。お釈迦さまは自らの血を流しながら、鷹と鳩が生命を全《まっと》うしたのを見て、心から喜ばれた。

お釈迦さまは説教師ではなかった。生活者であった。

教育について

己を完成するもの

教育学や教育史での、学説や定義はどうであるか、私はそれは知らぬ。また、どうであってもいい。教育というものは、要するに導いてくれるものと、導かれるものとの間に起こる交渉だと思う。したがって対象が何であろうと、そんなことはかまわない。導いてくれるものは師である。

◇

学校教育を受けたもののみが教育ある人間だ、などと考えることは大きな誤りである。学校の先生のみが人生の指導者じゃない。私たちの周囲にある一切のものは、私たちの周囲に起こる一切の現象は、一つとして私たちを指導してくれる師でないものはないのだ。目に見えるもの、耳に聞こえるもの、みな師である。しかし、こうした無数の師が、いかなる方法で、どの程度まで我々に交渉し、誘導してくれるか。これは一概には言えない。

たとえば釣り鐘《がね》に、おまえはどれだけ大きい音を出すかと聞いたところで、釣り鐘自身には、その程度を決めることはできない。釣り鐘にものが言えたら、私を打つ人の力によって違うと答えるであろう。教育における、導いてくれる師と、導かれる己との関係は、釣り鐘と釣り鐘を打つ人との関係のようなものである。打たざれば、どんな釣り鐘も何の音響も発することがない。

よい釣り鐘を選ぶということも大切だが、どんなよい釣り鐘でも、打つことを忘れていては、何の響きもない。自らの心を開くにあらざれば、どんなに立派な師がどれほどあったところで、屁《へ》のつっぱりにもならぬ。

◇

私は最初に、教育というものは、導いてくれるものと、導かれるものとの関係をいうと言ったが、これを推し進めていくと、己を導くものは己自身であるということになる。

己を完成するのは己である。これを本当に悟り得るものでなくては、幾年学校へ通ったところで大した甲斐《かい》もない。

◇

我々はどうかすると、自ら求めることを忘れて、他より与えられることのみを願っているような場合が少なくない。釣り鐘を打たずに、その音を聞こうとして待っているようなものである。

学生時代には、特にこんな考えに陥《おちい》りやすい。学校教育が完備さるるほど、一面に学生の心はこうした考えに傾きやすい。

こんな据え膳《ぜん》式の教育を受けた学生だから、実社会へ出た時、間に合うものが少ない。狼狽《ろうばい》するものが多い。社会は決して、私たちを据え膳でご馳走《ちそう》してくれるようなことはない。そこへいくと、学校教育のなかった昔の学徒は、実社会へ出ても、うろたえることはなかった。雪の明かりや蛍《ほたる》の光で読書した昔の学徒には頭が下がる。

◇

時計は一時、二時、三時と、区切りをつけて十二時まで行くと、また元の一時に戻るというふうにできているが、時そのものに区切りはない。始まりも終わりもない。学校の教育には一年、二年、三年と区切りをつけている。そして幾年かすると、卒業したと言うている。しかし、教育そのものには区切りはない。入学も卒業もない。したがって、世にいわゆる一切を学び尽くした大家というもののあろうはずがない。

今日のいわゆる大家とは、もう進む気力のなくなった人、退歩に赴《おもむ》いた人、という代名詞であると思ったら大して間違いではない。

きりなし普請

未熟者で、ということはよく用いられる言葉だが、いい言葉だと思う。むしろ未熟でなくてはいけないと思う。未完成でなくてはいけないと思う。成熟の後には枯死《こし》よりほかはない。完成の後には没落よりほかはない。

およそ嫌《いや》なものは、成熟者である、完成者であると自任している人である。こんな成熟者には成長力がなく、また、こんな完成者には創造がない。日々に人がこの世に生きているということは、日々に成長する姿である。日々に新しい自分を創《つく》り上げてゆく努力である。

人間は一生、未熟でなくてはならぬ。

人間は一生、未完成でなくてはならぬ。

自ら完成せりと思う人もしあらば、それは生ける屍《しかばね》にも等しき人であろう。

私たちの日々の努力は完成への道でなくてはならぬ。しかし、来る日も来る日も未熟であり、未完成であることを忘れてはならぬ。そこに生命がある。

「きりなし普請《ふしん》」とは、人間完成への尊い営みでもある。

人を観る眼

金も要《い》らぬ、命も要らぬほど手に負えぬものはない。この手に負えぬものでなければお国の役には立たぬ……と西郷隆盛《さいごうたかもり》は言った。

手に負えぬものでなければ役に立たぬ……と言ったところが面白《おもしろ》い。

学校の先生などがよく、この子はまことに手に負えぬ子供ですと言って、非常に嫌《きら》われる子供のあることを耳にするが、その嫌われる子供が将来、必ずしものにならぬかというと、そうではない。むしろ後年になって、その手に負えぬ子供が大物になっている事実もないではない。

どうかすると私たちは、自分の言いなりになるものを素直だと言って喜び、自分の意の通りにならぬものを手に負えぬとものとして、憎しむことがあるが、これはよほど考えものである。

◇

我々の生活態度に、何事でも自分の意の通りになるものを相手にしてゆくのと、まかり違えばどんな反抗もしかねないという、いわゆる手に負えぬものを相手にしてゆくのと二つがある。

このどちらがよいかは難しい問題だと思う。

上杉謙信《うえすぎけんしん》は、自分の一番の敵であった武田信玄《たけだしんげん》が死んだことを聞いて、心から悲しんだという。謙信もやはり相当なものであったと思う。

自分の言いなりになるもののみが役立つのではなくて、手に負えぬようなものも、また大きな役割を持っていることもあると思うと、私たちはもっともっと相手を観《み》るに大きな視野に立たねばならぬと思う。

盆栽式教育

幾百尺もあろうという大木、幾抱えもあろうという巨木は、誰《だれ》が手入れをしたということもない。大自然のうちに育ってきたのである。幾十年、幾百年と、太陽に照らされ、雨に叩《たた》かれ、雪に埋もれつつ伸びてきたのである。

寒さを厭《いと》うて温室に、暑さを避けて日陰にと、行き届いた手入れを怠《おこた》らぬ盆栽には、決してこうした大ものはできそうにもない。

いまの教育には、どうも盆栽式が多いように思える。細かいことにのみ立ち入りすぎて、大ものを育てることを忘れているかのように思える。どちらを見ても小利口な人間ばかりが多い。といって、それは人がないのではない。人を育てないのだ。

このことは、もちろん学校の先生だけの問題ではない。すべての大人が本気で考えてみる必要がある。難しい問題だが、愉快な問題である。

真の教育者

学校にいるころ、私は教授法だとか、雄弁学だとかいう科目を学んだことがある。こんなものも、どれだけ役に立つのか知らないが、結局は人にならなければ、真の教育家にも真の雄弁家にもなれるものではないということを切に思う。

◇

K先生ほど話の下手《へた》な人も、あまり多くはなかろう。先生の講義でも講演でも、一度聴いた人は、その話の下手さに驚かぬ人は少ない。それでいて、先生の話は非常に人を引きつける。いつまで聴いていても飽きない。回を重ねるほど聴きたくなってくる。

ある時、私は先生を訪ねた。先生はある料亭に案内してくださった。そして、その日はほとんど半日、先生と対座していたが、先生の口より出る言葉は、思い出したように時々語られるだけであった。

先生が文学博士になられたことを新聞で知ったので、その後お会いした時、ご祝辞を申し上げたら、先生は何とも言わずに寂しい顔をせられた。先生があんな寂しい顔をせられるのを見たのは、初めてであった。先生を知っている私は、あとで本当にすまないような気がした。

先生にとって博士というような肩書は、何の光も添えるものではなかった。先生自身が、そんなものは意に介されなかった。

先生はいま、満州（中国東北部）の医科大学におられるが、やはりあの時分と同じように、黙々として大地を踏みしめ、一歩一歩歩みを進めておられることであろう。

生地を磨く

真の教育というものは、賢さの箔《はく》をつけることではなくて、人間本来の生《き》地《じ》を磨くのでなくてはならない。手数のかかることだが、私たちは「つけた賢げな箔」をまず、すり落とさねばならぬ。それから生地の磨きにかからねばならぬ。青白いインテリゲンチャなどというやからは、この二重の手数がかかる。

◇

いろいろな人の書いたものを読んで、いろいろなことを知っている人がある。いろいろなことを知っているということも、悪いことだとは思わぬが、しかし、ただ雑然といろいろなことを知っているというだけでは、何の意義もないと思う。

そんな人に会うと、荒物屋の店先を見ているような気がする。ちょっと便利なこともあるが、何の趣《おもむき》もない。やっぱり人には独自なものが欲しい。その人でなくてはならない、なにものかが欲しい。

荒物屋が一個の営業として、一家をかまえているように、独自のものをもたぬ人でも、便利な人として、相当に用いられることがある。だから存在意義が全然ないということは言えないが、しかしそれは人としての存在意義ではなく、道具としての存在意義である。昔の教育の理想は、こんな便利な道具を作ることであった。いまでも封建的な思想の人は、道具のような人を愛する。

ところが、自己を客観視することを知った現代人は、自ら道具になることを好まなくなってきた。独自のものを創《つく》り、それを育てていくということが、人間のつとめだと考えるようになった。だから、封建的な考えで近代人を動かそうなんて思うと、必ず失敗に帰する。老人が、いまの若者はしようがないなどと愚痴《ぐち》をこぼすのも、もっともだと思うことがある。

咀嚼と栄養

私はいつも胃が悪い。大概の人は、飯をよく噛《か》めと教えてくれる。しかし入れ歯の具合がどうも、もう一つうまく合っていないと見えて、噛むことが大儀なものだから、お茶やお汁で飯を流し込んでしまうことが多い。こんなことをしていては、いつまでたっても胃はよくならない。暇《ひま》がかかっても、よく噛むようにしなければ——と思いつつも、急いで流し込んでしまうことが多い。

医者の話によると、十分咀嚼《そしゃく》していない食物は消化しにくいために、相当たくさん食べても栄養価値が少ない。たとえ分量は少なくても、十分咀嚼して食べさえしたら、栄養を吸収することができるということである。

医学のことなどは何も知らぬが、それはそうだろうと思う。

書物などを読むのでも同じことである。ただ、たくさん読んだらいいというものでもないと思う。たとえ一冊の本でも、本当にみっちり読むほうが身につくのではあるまいか。

古い和本などを見ると、紙のめくるところがぼろぼろになって、切れてしまっているものがよくある。「読書百遍、意自《いおの》ずから通ず」などという言葉もあるが、昔の人は一冊の本を随分根気よく読まれたようである。

もっとも、昔は今日のように、印刷術が発達していなかったからでもあろうが、昔の人の本を読まれる態度は、ゆかしい気がする。その一冊の書籍の栄養価を十二分に咀嚼し、吸収されたような気がする。

それを思うと、昨今のように上《うわ》っ調子の書物が次から次へと刊行されたり、新刊書といえば次から次へと漁《あさ》り読みをするのは、あまり感心したことではないと思う。何とはなしに軽薄な気がする。

本当にものの味などというものは、もっとシックリしたものでなければならぬと思う。

旅の味わいなどでも同じことである。あまり世のなかが忙しくなってきたためか、本当に風光を味わうなどという気分はなくなってしまっている。いたずらに観光を貪《むさぼ》るだけである。

深く味わうよりは、広く知るほうがいいとされている。

人の心持ちが、日に日に上すべりしていくような気がして寂しい。

食物の味でも、書物の味でも、旅の味でも、本当に心ゆくまで静かに味わうなんていう気持ちは、いまどきの人にはめったにないらしい。

君、スピード時代だよ……なんて、こんな気持ちをもつことだけでも、ばかにされるような気がする。

まあ食物や、書物や、旅くらいならいいが、我々の生活まで上っ調子になってきているのではあるまいか。本当に大地を一歩一歩踏みしめて、静かに自省の生活をしているものが幾人あるだろうか。

いくらスピード時代だと言っても、丸飲みの生活だけでは危険だ。内省のない生活ほど危なっかしいものはない。

お汁やお茶で流し込むような、咀嚼のない食事の取り方は、単に栄養を吸収しにくいばかりでなく、かえって自らの胃を損《そこ》ねることにもなりかねない。

私は一つ一つしっかり咀嚼したいと思う。

聴く耳

天地一切のもの、また人間各自、それぞれ異なった特質と機能をもっている。一切を自己の如《ごと》くあらしめんとすることは僭越《せんえつ》である。無知である。導き育てるということは大切なことである。

しかし、導き育てることと、己の型にはめることを強制するのとは、まことに混同されやすい。前者は相手を基調とし、後者は己を基調とする。導くということは、相手の本性に従《したご》うて、覚まし、伸ばし、引き出すことである。強《し》いるということは、相手の本性を無視して、いたずらに己の欲する鋳型《いがた》にはめようとすることである。

◇

相手の話を本気で聴いてくれる人は、その人を育てる人である。それに反して、相手の話を聴こうともせずに、自分の思うことばかり喋《しゃべ》り立てて、相手に聞かせようとする人がある。この人は、相手を自分の型にはめようとする人である。

教育家でも、宗教家でも、人を育てようとする人は、他人の話を真剣に聴く耳をもっている人でなければならぬ。この耳をもつことは、自分の思いを語る口をもつことよりも大切だと思う。

いまの教育家も、宗教家も、口のみ発達して、耳はだんだん退歩しているように思う。これが人を導く力のない最大の原因だと思う。

真実を捧げる

人に親切を尽くせば、親切を受けた人は、その親切の有り難さを知る。人を尊敬すれば、尊敬された人は、尊敬のよさを知る。人を愛すれば、愛された人は、愛の尊さを知る。

教えるということは、その味わいを知らせることであって、概念的な理論や理屈を覚えさせることだけではない。

そう考えると、説明ができなくても、理屈が分からなくとも、このことを教えたいと思うことを、まず自ら相手に捧《ささ》ぐべきである。

心から尽くしたものは相手に分かる。それが本当に教えるということになるのではないだろうか。

宗教を広めるというようなことでも、説教や講演で広まるのではなくて、その人の教えに沿うた生活を通して広まっていくのではないか。

教えるということは、真実を捧げることである。身をもって尽くすことである。自ら行うことである。

◇

与えるものがどんなにいいものだと信じていても、相手に必要でないものを与えることは賢明とは言えぬ。

猫にはかつおぶしを与えるがいい。

豚には残飯を与えるのがいい。

小判や真珠が、いかにいいものであり、高価なものであろうと、彼らには何の価値もない。むしろ迷惑千万であろう。

◇

自分だけが正しい、自分に合わぬものはみな間違っていると考える学者がかなり多い。

かかる人には、他を導く資格はないと言い得る。かかる人は自己以外の一切を否定し、排除せんとする傾向がある。自己の如《ごと》くであるものは愛するが、自己の如くあらざるものを憎むのはよくないことである。

心の眼を開く

私には子供が三人ある。一番上の子供は今年十一歳になった。その次の子供は八歳になり、一番末の子供は五歳になった。時々、私は三人一緒にいる時、物を与えることがある。みかんを三つ並べて「どれでも取りなさい」と言うと、われ先にと大きいのを取る。カステーラのようなものだと、切っている先から、どれが一番大きいか、ちゃんと見定めているようである。「さあ、お取りなさい」と言うと、それぞれ自分がねらっておったのを、なかなか手早く取り上げる。時によると、三人とも同じ一つのものをねらっていることがある。そんな時には争いの起こることがある。

しかし私は、この子供らの態度を見て、嬉《うれ》しく思っている。子供は実に正直である。こせこせしていない。自分の願望を曲げずに、ありのままに表してゆくのは、実に無邪気なものである。変に曲げられた、視学式（旧制の学校教育）の訓育をせられた私には、もう子供のような勇気はない。邪気に満ちた己の精神を思うて、寂しまずにはおれぬような気がする。

やはり子供の尊いのは、無邪気なことだと思う。誰《だれ》の前に出ても欲しいものは欲しい、欲しくないものは欲しくないと、はっきり意思の表現できる人でありたい。

人前をつくろうて、欲しいのに欲しくないような態度をしたり、無いものを有るように見せたりするような、そんな考え方は古いと思う。決して本当の訓育ではない。

子供でも大人でも、自分を欺《あざむ》くのはよくないことである。自分を飾り立てるのも、嫌《いや》なことである。つくろい合わしているのは、まことに卑《いや》しい感じがする。何事にもこせこせしないで、どこまでものんびりと育ってもらいたいと思う。

小さい人間ほど、人を恐れる。人前をつくろう。自分を欺く。虚勢を張る。大きい人間ほど、率直に、純真に自分の魂を育ててゆく。そして、どんな場合にも真っすぐに自分を表現してゆく。

いまの教育は、大きい人間を小さい人間に引き下ろすことを、仕事にしているような気もする。みんなが、こんな矛盾《むじゅん》をやっているように思う。本気で考え直してみる必要がある。

◇

昔、釈尊《しゃくそん》の大勢あった弟子のうちに、離婆多《りはた》と周利槃特《しゅりはんどく》という二人の兄弟の聖者があった。離婆多は兄で、周利槃特は弟であった。兄の離婆多は非常に聡明で、物覚えのよい人であったが、弟の周利槃特はその反対に、まことに愚鈍で、物覚えの悪い人であった。兄が一日で覚えてしまうような一偈《いちげ》を、弟は三カ月も四カ月もかかって、なお覚えることができなかった。兄も、あまりに弟の覚えの悪いのに愛想をつかして、

「おまえのような愚鈍なものはとても仏法を学ぶことはできぬから、今日限りやめてしまえ」

と突き放してしもうた。

兄に愛想をつかされた周利槃特は、精舎《しょうじゃ》の門外に立って、一人寂しく涙ぐんでいた。

「私はなぜ、こんなに愚かな人間に生まれたのだろう。兄さんの言う通りだ。

とても自分のようなものは、あの難しい仏法を学ぶことはできぬ。まことに残念ではあるが、仕方がない。というて、私はこれから何をしたらよいだろう。ただ一つの望みであった釈尊の教えも、今日限り学ぶことができぬ……」
と、途方に暮れていた。これを知られた釈尊は、あわれな周利槃特のそばに現れて、優しい心で慰められたのである。
「愚かなものが愚かであると知った時、それはもう愚かなものではない。それは智者である。愚かなくせに智者のように思うているものこそ、愚かなものである。おまえは、自分の愚かさを悲しんでいるが、おまえはもう愚かでない。そんなに失望することはない」
と仰せられ、一本の箒《ほうき》を与えて、
　塵《ちり》を払え
　垢《あか》を除け
という簡単な句を暗誦《あんしょう》するように教えられた。素直な周利槃特は、釈尊から与えられた箒を持って、精舎の庭を掃き清めながら「塵を払え、垢を除け」

の句を会得《えとく》した時、自らの心の塵と垢を振り払うて、正しき法の悟りを得たということである。

釈尊は、

「悟りは、必ずしも多くを学ぶ必要はない。たった一つの偈文《げもん》でも、本当にこれを会得したら、おまえのように立派な悟りに入ることができる」

と、周利槃特を褒《ほ》めたたえられたということである。

この物語の精神は、道を修むるものが、気をつけねばならぬことであるが、それればかりではなく、訓育とか教育とかいう方面に働いている人たちにも、気をつけてもらいたいと思うことである。

いまの教育は、あまりにも概念的なものを重く見すぎている。知識の注入に力を入れすぎて、自らを見つめる内省の眼《め》を見えなくしてしもうている。

心の眼を開かせるということが、教育というものの、最後の念願ではあるまいか。ものを教え込んで、心の眼を閉じさせるのが教育ではない。

離婆多だけを教育せずに、周利槃特の教育にも心を寄せたいものだと、しみじみ思う。

心の眼を開かせること、嘘《うそ》を言わないようにすることは、明日への教育の、根本的な問題である。

◇

第一義

宇治の黄檗山《おうばくさん》に詣《もう》でたことがある。山門に掲げられてある「第一義」の扁《へん》額《がく》の話を聞いたが、まだ忘れずに覚えている。

あの「第一義」の文字を書かれたのは有名な高泉和尚《こうせんおしょう》である。それを書かせたのは、高泉和尚の高弟・大随《だいずい》という人である。話はこうだ。

ある日のことである。揮毫《きごう》の用意はちゃんと整うた。高泉和尚は端座して、かたわらの硯《すずり》を引き寄せ、大きな筆を取り上げて、静かに認《したた》められたのが「第一義」の三字であった。

墨の痕《あと》は、いかにもあざやかなものである。一座の僧徒は、さすがに老師と、高泉和尚の筆跡に感嘆した。それだのに、どこが気に入らなかったのか、高弟・大随は「第一義」の三字をじっと見つめていたが、しばらくして、

「これは『第一義』にはなっておりません」

と言うや、何おそれる色もなく、それを引き破ってしもうたのである。居並ぶ僧徒たちは、いずれも顔色を失《うしの》うた。いかなることが起こるであろうと、みな手に汗を握っていた。

　和尚はまた何を思われたか、

「そうかな……」

と言われただけで、再び筆をふるわれたのである。二度目の文字も、大随はまた引き破ってしもうた。和尚は三度筆をふるわれたが、

「こんな『第一義』が、どうして黄檗の山門に掲げられましょう」

と、またしても大随は丸めて反古《ほご》にしてしもうた。老和尚は、また筆に墨汁をふくませながら、

「それではもう一枚」

と言われて、また書き直された。

「和尚さま、だめです、だめです。こんなものはだめです」

　またしても大随は丸めてしもうたのである。

　もう、一座の人々も、大随の無礼を許しておくことはできないように思うていた。それにしても和尚はと、その顔色ばかりうかごうて、はらはらしていた。

　こうして、大随が和尚の書を八十幾枚も反古にしたということである。一升以上の墨汁がなくなってしもうたということである。ここまできては和尚も、もう根は尽きてしまい、力は抜けてしまい、息苦しくさえなってきて、心ばかり苛立《いらだ》ってきた。老体の身、無理からぬことである。

　しかし、和尚は大随をとがめようとはせられなかった。

　大随はふと座を立って、厠《かわや》へ行った。高泉和尚、大随の姿がふすまの陰にかくれてしもうた時、思わず重いため息をもらされ、黙然として両眼には熱い涙さえ光っていたということである。しばらくして、

「よし、これが最後だ」

と、鋭い決心の色を面《おもて》にあらわし、法衣《ほうえ》の袖《そで》をかきまくって、最後の雄筆を

ふるわれた。両眼は輝き、口は堅く結ばれ、その態度で満座のものまでもが、心を引きしめられたということである。

「第一義」の三字を書き終えられるや、和尚はバッタリ筆を投げ捨て、再び双眼を閉じて太いため息を吐《つ》かれたということである。そこへ、厠から戻ってきた大随は、ジーッとその文字を見つめていたが、手はふるえ、足はふるえ、やがて彼は大きく叫んだ。

「これだ、これだ、『第一義』はこれだ」

黄檗山の「第一義」の扁額は、かくしてものせられたそうである。

◇

目上に対しては、それがどんなに正しからざることでも、ご無理ごもっともで、平身低頭おもねることよりほかに知らぬいまの世のなかにあって、大随の師に仕える心を思うと、嬉《うれ》しいことである。

下のものに対しては横暴をふるい、わがままを欲しいままにし、育てる心を知らず、己の私情にのみ走り、それに満たされぬものはこれを退け、言葉を低うして醜《みにく》きご機嫌のみうかがうやからを喜び、後進のものを己の奴隷《どれい》の如《ごと》く思う、俗情に濁っている今日の階級社会に、高泉和尚の弟子に対する正しい厚い心は、尊いものである。

この師にしてこの弟子、この弟子にしてこの師。師弟の道がすたれている今日の社会を思うと、寂しい気がする。

◇

信心の世界には集団は二義的であるかもしれぬが、集団の必要ありとすれば、集団の生命は師弟の道にあるということを固く信じている。師の人格と徳望を慕《しと》うて集まってくる集団は生きている。行き詰まりは決してない。

近時、各地の学校に、いろいろな騒動の流行するのも、学校自らが法令と資格の奴隷となって、学校を代表する人格と徳望の師が失われているからである。学校ばかりではない。宗派もそうだ。会社や工場もそうだ。もちろん国家や社会もそうだ。我々の小さい家庭もそうだ。

唯物的な観方《みかた》に酔うているいまの思想家から見たら、一切は経済的な利害得失から、離合集散が生まれるのだと断定せられるかもしれぬが、私はそれは、あまりに表面的な観方ではないかと思う。人間の生活は、それほどまでに簡単なものでもないように思う。

こうした経済的な利害から離散していくというのも、その奥には、もっと深い魂の交渉が、すでに断たれているからではないかと思うのである。現代の各方面に現れているすべての行き詰まりは、魂の交渉の失われていることに起因するものだと、私は深く思うている。

言い換えると、人間相互の間に信の一念が失われてきたからだと思うのである。師にも弟子にも、高きものにも低きものにも、富めるものにも貧しきものにも、信の一念さえ通じておれば、何事も治まるに相違ないのである。現代を救うのは信の一字である。

自然について

自然に思う

春も暮れて、若葉の香が濃くなるころ、私は毎年決まったように、言い知れぬ、傷ましい哀愁《あいしゅう》の気持ちに閉じ込められる。そんな時に限って、本当に何も喋《しゃべ》りたくない、静かな沈黙を心ゆくまで続けていたいような気になる。

日が暮れ、あたりは薄靄《うすもや》に包まれて、ほの暗くなったころ、深い緑の陰から真っ白な躑躅《つつじ》の花が、つつましやかな姿で浮かび上がっているのをジッと眺《なが》めていると、傷ましい私の心は、いつの間にやら現実の世界を遠く離れて、神秘の国をさまようている。

神秘の国には、表現を超えた芸術や宗教がある。深い人生の奥底にのみふれる、一義的な境があって、私をじっといだきしめてくれる。こうした夢のような気分に浸っている時、現実の世界で通用している、真だの、偽だの、善だの、悪だのというものが、何の味わいもない、冷々とした概念となってしまって、本気で取り扱う気にもなれない。ただ黙って、いつまでも沈黙を守っていたい。

◇

音もない晩春の雨にシットリぬれて膨《ふく》らんでいる、黒ずんだ大地を静かに見つめていると、何とはなしに、沈黙の偉大な力を感じずにはおれない。黙々としたこの黒ずんだ土が、一切をいだき、一切を育《はぐく》んでいるのだと思うと、涙ぐましい尊ささえ感ずる。

もゆるような若葉の成長も、赤や白や紫の、春を物語るとりどりの花の色香も、このじめじめした沈黙の土から生まれてきたのだ。

喋らねば通じない現象の世界にこそ、善人だとか、悪人だとか、いろいろの人がいるが、沈黙の土の世界には、善人も悪人もない。もちろん貴族も平民もない。本当に、隔てのない赤裸の兄弟があるばかりだ。

深山の花

かつて同志と一緒に山に登ったことがある。

至る所に名も知らぬ美しい花が咲いていた。いかなる名画伯の筆も及ばぬ、つやつやしい色とりどりの草木が、いかにも無造作に生い茂っていた。

それらの美しい草も木も、ことごとく無言であった。私たちがその美しい姿を賛美しようがすまいが、そんなことには無頓着《むとんちゃく》に花を咲かせ、香を漂わせ、葉を茂らせている。

でも私たちは、その美しい色や、愛らしい花に出合った時、心なしには通り過ぎることができなかった。できるだけ深く、できるだけ心をとめて語りたいような愛着を感ずるのであった。

もちろん、それらの花や木を、痛々しくも折り取って持ち帰るような気には、なおさらなれなかった。

山を下ってから振り返り仰ぎ見た時、全体としての雄大な山の姿の美に打たれ、そのまま別れて帰るにはあまりにも親しみのある、こまやかな懐かしさを感ぜぬわけにはゆかなかった。

深山に無言のままに生き、無言のままに死する美しい花や木、そしてもう再び私たちの生涯には合うことのないであろう、それらの草木を思うと、たとえようのない愛着に引かれる。

自然の恵み

私は昨年から今年にかけて、病床の生活を送っていた。病室の入り口には「面会お断り」の紙片さえ貼《は》られてあった。

病室に充ててあった二階の部屋の窓から見えるものは、大空に動く雲の流れと、二、三本の雑木の梢《こずえ》とであったが、それによって私は、どれだけ大きな慰めを与えられたか知れない。また、友人より贈られた窓辺の二、三茎の草花によって、私はどれほど深い自然の恩恵を感じたか知れない。

そして、それらの自然から与えられた心の和《やわ》らぎが、いかに私の心身の痛みを癒《い》やすに役立ったことか知れぬ。

自然は無言ではあるが、私たちへの恩恵は実に大きい。痛める私の心にかくも大きな和らぎを与えてくれた、雲の流れも、雑木の梢も、実用的には何の役に立つものではないかもしれぬが——。枕頭《ちんとう》の小壺《こつぼ》に挿《さ》された数種の草花も、その多くは野に咲く雑草の類《たぐい》であって、常には何の役にも立たず、多くの場合、人々から無視されがちなものであろう。

しかも、それらのいわゆる無用の存在が、私の病める心に、いかに多くの和らぎと希望を与えてくれたことか。

空腹の時に食う食物のみが、人間の健康を維持しているのではない。熱のある時に飲む解熱剤のみが、人間を健康に導くものとは言えない。

◇

疲れて家に帰った時、美しい花が机の上に置かれてあるのは、何とも言えぬ温かい慰めである。

それがどんな花でも、名もない雑草の小さい花でも、ジッと眺《なが》めていると、言い知れぬ美しさと親しさを感じるのである。花に親しむ心と、聖なるものへの憧《あこが》れとは、相通ずるのではないかしら。

フトこんなことを思った。もし我々の住むこの地上に一輪の花もなかったら、この世界はどんなに味気なくも寂しいことであろう。そして、人の心はどんなに殺風景になることであろう……と。

◇

何の役にも立たないように思える雑草が、私たちが気づかない間に、いかに甚大に、人類の健康と成長とに寄与してきたことか、また現にしつつあるかを、私たちはもっと深く考えてみる必要があると思う。

文芸や芸術が何の役に立つか……と、薬の効能でも実験するような態度で扱われるのは、心もとないことである。

山を見れば、山はいつも私に無言の恩恵を与えてくれる。田園を眺むれば、田園はいつも私を無限に潤《うるお》いあらしめてくれる。

毎日のように見慣れている山ではあるが、日ごとに眺めている田園ではあるが、そのたびごとに新たな感じを与えてくれる。山も野も飽くことを知らない。

なぜそうなのか。沈黙の自然に聞くよしもない。

しかしただ、私たちは自然から離れては、生活することができないことだけは事実である。

◇

夏が来ると必ず、野も、山も、庭も、青葉に包まれる。そして秋風が吹き始めるころになると、この鬱蒼《うっそう》とした青葉が一枚、二枚と散り始めて、やがてどの木も、この木も、大方の雑木は枯れ木のように骨ばかりになってしまう。

これがもし逆に、夏が来ると枯れ木になり、秋から冬に青葉が茂ったらどうだろう。

夏に青いものが見えなかったら、想像しただけでも、いかにも暑苦しいことである。北風寒い冬に、青葉の茂みに包まれた日陰は、どんなに冷たいことであろう。

夏は暑いと小言を言い、冬は寒いと不満を訴える。しかし、不思議な自然の理を静かに思案すると、不足は言えぬ。やはり感謝のほかはない。

◇

人間中心の興味……私にも、こうしたことが分からぬでもない。もちろん否定しようとは思わぬ。しかし、いわゆる活動家が、

「自然に親しむなんてことは、閑人《かんじん》の閑事業さ」

などと平気で言われるほどに、私は自然に対して忘恩的にはなり得ない。

美しい自然に見とれて、ぼんやりと過ごした時間、それは果たしてそんなに空虚な時間であろうか。それをそう感じるような人の生活に、果たして真の充実があるのだろうか。

すべてを功利的な見地から処理しようとするのは恐ろしいことである。

お山へ参る

昔の人は、自然に対しても非常に謙虚な心持ちをもっていたようである。一例を言えば、山に登るのに「お山へ参る」と言うていた。近代人は「山を征服する」と言う。

参るという言葉のもつ心持ちと、征服するという言葉のもつ心持ちとの間には、相当なひらきがあるように思う。自然科学というものが発達した近代的教育に培《つちか》われた人々だから、征服などという言葉が平気で用いられるのだろうが、もう少し、人間は自然に対して謙虚な心持ちがあってしかるべきだと思う。あえて言葉をとがめるのではない。

蚊帳の喜び

少年のころ、夏になって蚊帳《かや》を吊《つ》るのが一つの楽しみであった。六月中ごろ、初めて蚊帳を吊った日などは、とても嬉《うれ》しくて、用事もないのに出たり入ったりして、そのたびごとに蚊帳のなかへ蚊を入れるので、姉や両親からよく叱《しか》られたものである。

それでも蚊帳は、なんとのう嬉しいものである。蚊帳の香り、蚊帳の透《す》き通った色、蚊帳を吊るころ、すべてが懐かしい。

一つの蚊帳のなかで、父も母も、姉も私も妹も、枕を並べて四方山《よもやま》話をしながら、時には姉から「昔々ある所に、おじいさんとおばあさんが住んでいて……」という古い童話を聞かされながら、まどらかな夢を結んだ幼いころの楽しい思い出も、蚊帳の香りをかぐころになると、それからそれへと思い出されてくる。

開け放された部屋いっぱいに吊りひろげた蚊帳のなかには、本当に平和な家庭的な情味が漂うているように思われる。この感じは夏の夜からのみ味わい得る、楽しみの一つである。

空は澄み渡っている。星は涼しそうにまたたいている。涼しい風は思い出したように、吊られた蚊帳の裾《すそ》をゆすぶる。覆《おお》いのかぶさった電灯は、静かな青い光を投げている。

蚊帳のなかでは、今年四月から初めて学校へ行くようになった私の長男と、五歳になった長女と、このごろやっと片言まじりに物を言いだした二女との三人の兄妹が、それぞれ異なった夢の国に遊んでいる。最初は三人とも東枕に寝かしてあったが、三十分もたつかたたないうちに、それがめちゃくちゃになってしまって、あるものは南に、あるものは西に枕をかえている。大の字のように手も足も伸ばせるだけ伸ばしているものもあれば、まるで叩《たた》きつけられたように、うつむきになっているものもある。時には腹の上に足を投げかけ、人の足を枕にしているようなこともある。生傷の絶えたことのない腕白《わんぱく》な男の子の足には、泥土さえつけたままのことが珍しくない。女の子の円い顔は、日にやけて林檎《りんご》のように真っ赤である。

きれいに洗濯した白いシーツの上に、ころがっている子供たちの自由な姿をジッと眺《なが》めていると、畑から採ったばかりの生き生きとした果物のような、新鮮さを思わしめる。

庭の隅から虫の声がする。暗い雑草のなかから何ものか光を放っている。涼しい夜風が思い出したように吹いてくる。そのたびごとに、深い海の底の藻草《もぐさ》のように、蚊帳は静かに動く。空には星が沈黙を続けている。更《ふ》けゆく初夏の夜、それはなんという深い静寂な調和であろう。

ふるさと

夏はなぜか、私には魅力的なものである。

お盆が来ると決まったように、無心な幼年時代に遊び回ったふるさとのことが思い出されてくる。

ふるさとの山川草木《さんせんそうもく》は、ことごとく有情《うじょう》の級友のように懐かしい思い出を語ってくれる。そして限りなき愛と恵みに包まれた、温かい夢の世界にまで誘い入れてくれる。

ふるさとの思い出ほど懐かしいものはない。

ふるさとの山川草木には、確かに声がある。道端にころがる石ころにも心がある。ふるさとほど深い愛と叡智《えいち》の所有者はない。

◇

人間は誰《だれ》でもふるさとをもっている。ふるさとをもたぬ人間は一人もない。しかし、ふるさとを忘れている人は多い。私もその一人である。しかし、忘れているのはまだいい、思い出す日があるから。なかには失ってしまっているのではないかと思う人々さえある。おそらく、この地上に住む人間のうちで、ふるさとを失《うしの》うた人ほど不幸な人はあるまい。

◇

ひとたび人間がふるさとを出ると、いつの間にやら利己的になって、恥も外聞も忘れ、ただ己の世界のみをつくろうとする。物質文明や機械文明のみをめざして進む。黄金さえあれば、どんな享楽《きょうらく》の生活もできると考える。

その結果、機械文明は盛んになるが、機械を使用しないものは落伍《らくご》する。ついには人間が使うはずであった機械に、人間が使われるようになってしまう。

物質文明が盛んになったおかげで資本主義制度の機構が生まれたが、人々はその機構のなかに巻き込まれてしまう。

尊い魂の生活が失われて、人間までもが機械になってしまう。世のなかはむやみに忙しくなるばかりで、不幸と不安の波がますます高くなってくる。

ふるさとを失うた人々には、黄金のみが頼りである。山川にも草木にも、何の語らいもない。自然はただ一個の物であって、何の心もないものになってしまう。

水

水の流れるのを見ていると、次から次へ、考えさせられることが湧《わ》いてくる。

水ほど素直なものはない。水ほど楽な、無理のない動き方をしているものもない。邪魔をするものがあると、それをよけて通っている。

水は低いほうへ、低いほうへと流れている。この水のただ一つの動き方を利用して、人間は、水を高い所へ上げることがあるが、それでも水は、自分の本来の動き方を忘れて増長するようなことはなく、どんなに高い所へ上げられても、やはり低い所へ、低い所へと流れようとする。

急な所に出合えば急になり、平らかな所に出合えばゆるやかになり、広い所へ行けば広く、狭い所へ行けば狭く、円い所へ行けば円く、角な所へ行けば角になっている。いかにも無節操に見えるが、常に低き所へ流れる水本来の生き方には、断じてくるいはない。

このあいだの阪神間の水禍《すいか》は、無言のうちに水の力の偉大さを知らしめた。千万斤《ぎん》もあろうという大きな岩石を、木の葉よりも軽くもてあそんだ。

何の力もあろうとは思えぬポツリポツリと落ちる雨の雫《しずく》が、そして、いかなる器にも従う素直な水が……。

◇

この恐ろしい力は、一つ一つの雨の雫が一つに集まって、低きにつこうとする水本来の歩みを営んだまでのことである。千万斤の岩石を軽々ともてあそぶ恐ろしい力の水も、コップに汲《く》めば円く、枡《ます》に容《い》るればやはり四角に、方円そのままに従う素直な水である。

◇

己の型をつくり、己の型にはめ込まねば承知のできぬ利己主義的な生き方には、何の力もあろうはずがない。小さい我《が》を守るのではなく、全体のうちに溶け込んでゆく無我の態度にこそ、天下無敵の力が宿されている。

水は己の小さい我をもたぬから、合えばそのまま一つに溶け合って流れる。何千何万の水の雫も、合えば一つの水になる。そして共に低きへ、低きへと歩みつづける。低きにつく水の態度には少しの力みもない。これほど素直な水に、どうしてこんなに無限の大きな力が生まれるのであろう。

◇

滾々《こんこん》と湧き出《い》づる湧井《ゆうせい》の水をジッと眺《なが》めていると、またいろいろな思いが込み上げてくる。なんという懐かしい姿であろう。なんという尊い姿であろう。

方法もなければ、術策もない、ただ抑えるに抑えきれぬ、内から溢《あふ》れ出る力によって湧き出づるあの水の懐かしい姿。私は、この水の姿を飽かずに眺めることがある。

私どもの悩みの多くは、人間的巧智《こうち》をもって、この中心より湧き出づる願望を抑えよう、妨げようとするところに起こるのではあるまいか。溢れ出づる力によって湧き出てくる水には、善もなければ悪もない。正もなければ邪もない。権利もなければ義務もない。真実の生活とは、この湧き出づる水のように、中心に躍動する願望そのままを表現する生活ではあるまいか。方法を忘れ、術策を離れて、純一に、無造作に……。

真の味

私の友人に喫茶店の通人《つうじん》がいた。どこそこのコーヒーがうまいとか、かしこの紅茶はまずいとか、などよく聞かされたものである。もの好きな私は、聞かされるままに、暇《ひま》をみて歩き回ったことがある。酒の味を知らぬ私は、コーヒーや紅茶や、ソーダ水などをよく口にしたものである。

しかし、いつの間にか、こうしたものにも飽きたような気がする。

なんにも味のついていない冷たい水が、一番おいしいのではないかという気がフトした。

水の味というものが分かりかけてきたのであろう。水道の水より、地底から湧《わ》き出る井戸の水のほうがうまい。井戸の水より、深い山の水のほうが、さらにうまい。

いろいろと技巧や味つけを施《ほどこ》した高価な飲み物より、ただの真水のほうが、はるかに捨てがたいうまさがある。

◇

知識や弁舌や学問などでいろどられた、いわゆる近代型の人間には、喫茶店通に喜ばれるコーヒーや紅茶やソーダ水の味は合うだろう。けれども真水の味は、やはり平凡に見える自然人にこそ味わい得るのではなかろうか。

◇

阿呆《あほう》は神の望みである……と教えられた教祖《おやさま》の言葉を悟るまでには、私はずいぶん回り道をしてきたように思う。

近ごろの教育は、みな「賢い人間」というものに目安をおいているのだから、「賢さ」という箔《はく》をつけることに汲々《きゅうきゅう》としている。

一人前に賢ぶれたら、教育の能事《のうじ》畢《おわ》れりという感がする。

◇

賢ぶって時めいている人もあるにはあるが、危なっかしい気がする。むしろ平凡に、その日その日を大地に足づけて歩んでいる人のほうに、どれほど確かさを感じさせられるか知れぬ。

◇

このあいだ、学生時代の先輩で、書をよくする人が来た。その人が、磨《す》り足りない墨のうすさと、十分磨った墨を水でうすめたうすさとは、雲泥《うんでい》の相違があるということを聞かせてくれた。

磨り足りない墨の不愉快さ。それに引きかえ、十分に磨り上げた墨を、水でうすめて調節した墨の美しさ……。

このことは、生活のうえにも言うことができる。練れるだけ練れということは、人間になるために最も大切なことである。生活の表現がどうのこうのというのは、それからのことである。

人間の生活の表現がどうであろうと、とにかく抜けきることが大切である。抜けきった人間には、尽きせぬ味がある。

愛について

心に咲く花

相手に一番よいものを捧《ささ》げるのが愛の営みである。

夫婦の間にも、主人がこうしてくれないから、といって夫の不足を言うたり、家内があああするから俺《おれ》だってこうするのは当たり前だ、と言うたりする態度には愛はない。

◇

愛は相手にとって一番いいものを捧げること以外に何ものもないのである。相手が冷たければ、こちらの愛を捧げて、こちらの愛で相手が熱くなるまで捧げきればよい。その営み、その努力が嬉《うれ》しいというのでなくては、本当の愛ではない。

◇

多くの夫婦は、いかにも愛し合っているかのように見えるが、何か一つ、一方に隙《すき》ができると、直ちに相手に不足が生ずる。これはまだ本当の愛の生活とは言えない。私たちは多くの場合、愛の生活をしているのではなくて、欲の生活をしていることが多い。だから己に満たされるものがないと、すぐ心をくさらせてしまう。

◇

己に求めるものがあっては愛とは言えぬ。それは欲というものである。だから恋愛などでも、本当の愛から出発しているのだったら、失恋などということはないはずだが、恋愛に失恋はつきものであるのは、多くの恋愛は愛が基調ではなくて、欲がその根底をなしているからである。

◇

そういう点では、親が子を思う愛は美しい。親は子供のためには、ただ、してやりたい一心である。それ以外に何ものも求めない。子供を愛すること、そのことが嬉しいのであって、大きくなったら孝行させねばならぬから愛してやっておかねばならぬ、などという勘定《かんじょう》はさらにない。

子供を愛することが、そのままに嬉しいのである。

愛する子供を失うことは、親自身の生命を失う以上の寂しさである。それが親心である。

◇

親心さえもって、誰《だれ》にでも何事にでも当たっていくならば、不平も不満も、失望も失恋もない。

こちらからこれほどしているのに、向こうからは何もしてこない、こんなことをしていてはつまらない、もう少し何とかしてくれてもよさそうなものだ、などというのは、愛でもなければ、もちろん親心でもない。それは商売の取引に近いものである。

◇

親不孝な子供ができたら、親は損をしたとは言わぬ。親として、世間に対して相すまぬと言う。そして、一層ふびんになって子供の行く末を心配する。

◇

求むるものがなくて、ただ相手のために一番いいものを捧ぐるよりほかに何ものもないという生活ほど、力強いものがあるであろうか。

愛ほど強いものはない。

親心ほど強いものはない。

◇

愛するということは誰にでもできるのだから有り難い。これが、教育がなくてはならぬとか、お金がなくてはならぬとか、暇《ひま》がなくてはならぬとかいうふうに、いろいろ制限されると、なかなか面倒なものだが、誰にでもそれ相当の愛の営みが、しようと思えばいつからでも、どこででもできるのだから有り難いことである。

◇

どれほど愛したからというて愛は減るものではない。むしろ井戸水のように、次から次へと湧《わ》いてくるのだから嬉しい。

◇

愛は心に咲いた花である。

草木の花は年中咲くことはないが、人の心に咲く愛の花は、咲かせようと思えば一生涯咲き通すことができる。

◇

こちらが愛したからというて、先方がそれを受けてくれるかどうか、よしや受けてくれても、それをどう返してくれるか、それは分からぬ。けれども、愛した時の喜びほど尊いものはない、ということだけは言える。

この世の中で本当に間違いのない喜びは、真に愛し得た時の喜びであろう。

◇

誰でもを愛してさえいれば、そんな幸せな生活はないのだが、相手の出方一つですぐ腹を立てたり、恨《うら》んだり、愚痴《ぐち》をこぼしたりする。

これは、愛のないのに愛しているように思うている、あさはかな心から起こる間違いである。

初めのうちは、愛から出発しているのか、欲から出発しているのか分かりにくいことが多い。けれども、しばらくするとそれは分かる。

私たちも時によると、愛に似た心持ちで人に接することはあるが、相手の出ようによって、すぐにそれがはがれてしまって、冷たい態度に変わってしまう。

そうすると、まだまだ愛ではなかった、欲であったということに気がつく。

◇

愛する人のためや、信ずる人のためには、どんなことでもできるような気がする。それは、その人に対して無欲になれるからである。

欲のある間は、本当に愛することも信ずることも、できるものではない。無欲の力というものは全的である。

人は情けの下に住む

鮎《あゆ》は瀬にすむ、鳥は木にとまる、人は情けの下に住む……。詩か俗謡か知らぬが、このうたの心をしみじみ味わうことがある。人が愛の下に育つばかりでなく、すべてのものがみな愛の下に生き、育ち、そして成長するのではなかろうか。

◇

「女は己を愛するもののためにくしけずり、男は己を知るもののために死す」というが、男だって女だって同じことで、己を愛するものには自然にひかるるのであって、ひかれ、ひかれて、ついには一つに溶け込むのである。

愛の絆

〝汝《なんじ》の敵を愛せよ〟という聖書の言葉がある。たたかいの最上なるものは、敵を克服せしむることではなくて、愛の力をもって、敵を味方にすることである。

◇

人の心のなかで最も嬉《うれ》しいものは愛であろう。それだけに、最も苦しく痛ましいものもまた愛であろう。

ある人が、貧ほどつらいものはないと言った。なるほど貧苦はつらいであろう。しかし夫婦、親子、兄弟、親友といった愛の絆《きずな》のない時は、貧苦のつらさは極めて単純なものではあるまいか。愛の絆の加わる時に、貧苦の苦しみが、本当に深刻なものになる。

◇

別れがつらい、死が苦しいと言ったところで、これとても同じことである。愛のないものと別れるのに何がつらかろう。愛のないものの死が、なんで苦しかろう。愛があればこそ別れがつらい、愛があればこそ死が痛ましい。

私たちは対人関係で苦しむことが相当にある。そのいずれの場合も、愛の深浅《しんせん》の程度で苦痛の深浅が定まる。愛の薄いほど苦しみも浅い。愛の深まるにつれて、痛ましさは深刻になる。

どんな問題でも、愛に関係しない問題は簡単に解決がつく。愛の問題だけは、なかなか容易に解決はつかぬ。表面の解決はついても、中身の解決はなかなかつくものではない。

私たちが、進むことも、止まることも、退くこともできぬというような悲痛な苦しみを味わうことがある。その時はきっと、恩愛の絆が手伝っている。

◇

愛の問題は複雑でもあり、執拗《しつよう》でもある。金銭の問題や権力の問題のように、はっきりと決まりがつかぬ。その葛藤《かっとう》こそ、本当に綿々《めんめん》として尽きずといった感がある。

大まかに白とか赤とか決めることができない。だから、愛の深い人ほど苦痛が多い。

人間が愛執《あいしゅう》の心から解脱《げだつ》したなら、おそらく深刻な痛みというものはほとんどあるまい。

泥田を踏むように、右足を上げれば左足が沈み、左足を上げれば右足が沈む、というような、どうすることもできぬ羽目に陥《おちい》るのは、愛執の深いもののはまりやすい道である。愛の心の薄いものには、泥田に足を踏み込むような深刻な苦痛はあるまい。

◇

しかし、この愛はまた人に力をも与える。愛は人を暗闇《くらやみ》に追い込むこともあるが、また輝かしい光明にも導くのである。苦痛を与えるが、またそれを忍ぶ力と命をも与える。

◇

熱愛の人は痛苦を辞せぬ。痛苦を逃避するものは、愛の希薄なる人である。紅涙《こうるい》とため息とは愛執の苦痛に精進するものの姿である。かくの如《ごと》く、愛は苦痛である。しかし、愛の苦痛は人を怠《おこた》らし、衰えさせ、滅びさせるものではなくて、かえって苦しみによって力を与え、苦しみによって蘇生《そせい》せしめ、苦しみによって常に向上せしむるものである。

◇

愛のない生活は、さくいように思う。ねばりがないように思う。愛の燃焼に生きてゆく生活には、弾力があるように思う。どんな苦痛にも忍苦する力があるように思う。

◇

愛執の浅い人には、失敗も少ないし、不道徳も少ないし、痛苦も浅いように思う。その代わり、性格から出る光も薄いように思われる。愛執の深いものには失敗も多いし、不道徳も多いし、苦痛も深い。その代わり、弾力があり、命があり、光明が鋭いように思う。

◇

愛は不可思議なものである。味のある唐辛子《とうがらし》ほど辛《から》いというが、愛が深まるほど痛苦は増すものである。

行の愛と祈りの愛

よほど以前のことである。私が神戸にいたころ、二人の未婚の女性を預かって、世話をしていたことがある。二人とも私を信じて、私を頼って来てくれた人であった。私はこの二人からは分に過ぎた尊敬と親しみを受けていた。私もこの二人に対しては、心から兄弟のような心持ちで、世話をすることができた。当時すでに家内も子供もあったが、この家族のものと少しも隔てる気にはなれなかった。貧しいながら、喜びも苦しみも等分に分けて暮らしていた。

ところが、不思議にもこの二人の女性は、全く性格を異《こと》にしておった。私に対する愛の二つの現れ方によって、私はそれを知ることができた。

Aはまことに身も心も軽く、何くれとなく気をつけて、いわゆる痒《かゆ》いところへ手の届くように立ち働いてくれた。

Bは言葉も態度もAのように軽くはなかった。しかし、人の身の上のことなどは心から思う人で、私の帰りがいつもより遅くなった時などは、心から心配してくれていた。他のものがみな寝てしまってもBだけは眠ることができなくて、気づかいながら待っていてくれたようなことがたびたびあった。

Aはその日の出来事を何から何まで、さも愉快そうに、夕方帰ってきた私に話して聞かせた。

Bはほとんど何事も語らなかった。黙って見守っているだけであった。

Aはいつも広い明るさを与えてくれた。

Bは深い落ち着きを与えてくれた。

私が病気をした時など、Aは本当に行き届いた看護をしてくれた。氷枕、お薬、食物と、何から何まで、落ち度のないように気を配ってくれた。

Bには、こうした行き届いた看護はできなかった。しかしBは毎日、端座合掌をして、心から私の病気の癒《い》えることを神に祈ってくれた。一日も祈りを怠《おこた》るようなことはなかった。

私はAにもBにも感謝の涙をそそがずにはおれなかった。そして、二人のこの異なった愛の二つの形に、甲乙をつけることはできなかった。愛は尊いものだと、しみじみ思う。

だが、愛には二つの型があるように思う。行《ぎょう》の愛と、祈りの愛と。

待つ心、待たるる心

私を迎えるために、かくれた心づくしをしていてくれる人の、あたたかい心を思うと、嬉《うれ》しくてならぬ。

待つものも幸福である。待たるるものも幸福である。人の世に、待つ心、待たるる心がなかったら、人の一生はどんなに寂しいであろうかと思われる。

捧げたきもの

人が人を尊敬している姿を見ると、なんとも言えぬ美しさを感ずる。けれども、たとえ自分とは関係のない知らない人のことでも、口ぎたなくののしっているのを聞くと、不快な心持ちがする。

私は、人から敬愛を受けるような立派な人間にはなれなくても、せめて、人を敬愛することのできる人間になりたいものだと、いつも思う。

私たちは、人の敬愛を受けなくても、人を敬愛してゆくというだけで、どれだけ多くの人たちに、明るい、ゆたかな心持ちを与えるか知れぬ。

人をさげすむということは、相手を殺し、自分を殺し、自分の周囲の人々を殺す、恐ろしい悪業である。

人を敬愛するということは、相手を生かし、己を生かし、己の周囲を生かす。そして誰《だれ》にでもできる、人類の大きな仕事である。

こんな大きな仕事が手近にあるのに、それを忘れてしもうて、遠いところにある小さな仕事を、さも大切そうに思うていたのが恥ずかしくてならぬ。

自分が人から敬愛を受けようと思うのには、政策や方法も要《い》るかもしれぬが、自分が人を敬愛していくのには、そんなものは要らぬ。自分は届かないものであるのに、みんなのおかげで生かしていただいている、みんなのおかげがなかったら、どうすることもできるものではない、ということさえ分かれば、みんなを敬愛してゆくことができると思う。敬愛せずにはおれなくなるだろうと思うのである。

嘘《うそ》を言うたり、衒《てろ》うたり、憎んだり、争うたりするのは、人を敬愛することを忘れているからだと思うのである。

愛なかりせば

ある暖かい日のことである。裏の畑には、たくさんの小鳥が楽しそうにさえずっていた。私は何の心もなく、その畑のあぜ道を歩いていったら、たくさんの小鳥が、いかにもびっくりしたように一斉に逃げてしまった。事実はこれだけのことである。極めて簡単な事実である。しかし、この何でもない簡単な事実から、私は深く考えさせられた。

小鳥はなぜ私の足音を聞いて、そんなに恐ろしそうに逃げてしまったのだろう。これは私ばかりではない。おそらく人間と名のつく誰《だれ》が行っても、小鳥は恐ろしそうに逃げていくに違いないと思う。

小鳥にとっては、人間ほど恐ろしい動物はない。それはいまさら説明するまでもないと思うが、もし小鳥が人間のそば近く飛んできたら、大概の人間は、その小鳥をとりこにするであろう。そして、とりこにしたが最後、己の興味を満たすために、あるいは籠《かご》に入れて小鳥の自由を束縛《そくばく》し、あるいは己の食欲を満たすために、小鳥の生命を奪うくらいのことは平気でやりかねぬ。小鳥は、それをちゃんと知っているのだ。だから人間の足音がすると、一目散にどこかへ逃げてしまうのだ。何心なく、あぜ道を歩んでいた私の足音を聞いて、一時に飛び去ってしもうた小鳥に対して、おまえたちはなぜそんなに逃げていくのかと、小鳥に問うだけの資格のないことを、しみじみと思うたのである。

◇

己の利益のために他人を犠牲にし、他人の自由を奪うような人間の前には、決して人は集まってくるものではない。小鳥が人間から逃げていくのと、人が人から離れていくのとは、決して異なったものではないと思う。愛のない所には、何ものも集まってくるものではない。人に不自由をするということは、その人に愛のないということを明らかに物語っている。友達のないということは、友達を愛するということを知らないからだ。

知恵を愛することをしない人は、いつも無知だ。決して知恵はできるものではない。時間がなくて困るという人は、時間を浪費する人だ。時の大切なことを知らず、時を愛することを知らない人である。仕事がなくて困るという人は、仕事を愛することを知らない人だ。仕事を愛する心のない人が、どれほど仕事を探しても、決して仕事が与えられるものではない。たまたま仕事があっても、またすぐに逃げていってしまう。

愛のない所には、いかなるものも寄ってくるものではない。愛のない所には、いかなるものも育つものではない。これは、まことに平凡な真理である。

◇

昔、聖フランチェスコが小鳥や草木にも教えを説いたと聞くが、いま小鳥から逃げられて、あぜ道で置き去りにされた私の姿は、いかにもみすぼらしい、寂しいものであることに気がついた。

私たち人間には、己より弱きものを、己の欲望を満たすための資料に利用せんとする、恐ろしい心持ちのあることを忘れてはならぬと思う。

生活について

問題を解く鍵

新聞や雑誌を読むごとに、よくもこんなに問題があるものだと感心することがある。実に人生は問題の連続であるとも言える。

我々の生活から問題がなくなるということは、おそらく永久にあるまい。自分自身の身の上に問題がなくとも、どうにかしてやらねばならぬ問題が、身内のものや知った人たちの間に起こるものである。身内のものや知った人たちの間に問題がなくとも、自分が担《にな》い立たねばならぬ問題が、社会の上に、次から次へと起こるものである。

それが生ける人生の約束であろう。

◇

いかなる問題が起こっても、その問題を解決する鍵《かぎ》さえあれば安心である。問題を解決する鍵を持たずに人生を渡ることほど、無謀な、そして危険なことはあるまい。

問題を解く鍵、そんなものがあるのであろうか。それを見つけて、自分の手に入れること、これほど我々が世に処していくうえで大切なことはあるまい。人間が修業するということは、この鍵を手に入れる努力を言うのではあるまいか？

◇

極楽の世界へ旅行してきた聖人の話に、

「極楽の世界ほどいい所はあるまい。極楽の世界へ行ったら、そこを永住の地に定めようと思って、実は非常な期待をもって行ってみたのだが、なるほど、行ってみると綺麗《きれい》な所には相違なかったが、誰《だれ》もいない。人間は罪深いものだから、大方は地獄のほうへ回されたので、極楽のほうへ来る人は極めて少ないのであろうと思っていた。

それにしても、孔子《こうし》や、孟子《もうし》や、釈迦《しゃか》や、キリストはもちろん、口癖《くちぐせ》のように極楽を賛美し続けてきた法然上人《ほうねんしょうにん》や、親鸞《しんらん》上人などは、きっとおいでになるに相違ないと思って、あちらこちらと探してみたが、一向に見当たらない。これはどうしたものかと極楽の番人に聞いてみたところ、

『その方々は確かにおいでになりましたが、しかし、ほんの二、三日おいでになっただけで、またどこかへお出掛けになってしまい、それっきりお帰りになりません。ただいまは、どなたもおいでにならぬのです』

ということであった。私は不思議でならないので、その理由を尋ねてみたところが、

『遊ぶことばかりで仕事が一つもない。仕事のないことほど苦しい、退屈なことはない。こんな所にはとても長居できないとおっしゃって、次から次へと出ていってしまわれまして、いまではどなたも残っておいでにならないのです……』

とのことである。どこへ行かれましたかと聞いたら、

『たぶん、地獄のほうじゃないかと思います。それというのは、こんなことを言ってお出掛けになりましたから』

と、番人は話を続けた。

『地獄のほうには、いろいろな問題で苦しんでいる人が、随分たくさんいるはずだ。そんな人々と共に暮らして、少しでも慰め、助けるほうが、どんな

に楽しいか知れない。やはり問題のある世界のほうが楽しくて愉快だ、などと申されておりましたから、おそらく地獄のほうへ行かれたに相違ないと思うのです……』

と。私もせっかく憧《あこが》れて極楽の世界へ旅をしたが、それを聞いて、なるほどと思い、引き返してきた」

というのである。

興味深い話である。

◇

人間の一番尊い、一番輝かしいものは努力である。努力は問題を解決しようとするところに起こるのである。問題のないところには努力の必要はない。努力のない生活は死んだ生活であり、問題のない社会は死せる社会である、とも言い得る。

◇

問題のみ続いて、その問題を解決し得ないことほど苦しいことはあるまい。問題に悩み、問題に苦しみながら、その問題が起こってくる根本が分からず、したがって問題を解決する道筋も分からないで、ただ憂鬱《ゆううつ》に閉ざされ、ため息のみ吐《つ》いているのが、現代社会の生活の実相ではあるまいか。

◇

問題の解決に苦しむ時、多くの場合、その原因が相手にあるごとく思うのである。社会が悪い、時勢が悪い、制度が悪い、国家が悪い、親が悪い、子が悪い、主人が悪い、主婦が悪い、雇《やと》い主が悪い、使用人が悪いと、ただ相手の悪いことのみを思うて、それを責め、それを咎《とが》めるのである。こうした考え方、見方、解決の仕方では到底、本当の解決はできるはずはない。

◇

どんなに傷を受けても、受ける所によっては、歌舞伎の「切られ与三《よさ》」のように三十四カ所の刀傷も生命に別状はないが、針一本でも命を奪う急所がある。

問題を解決するにも急所がある。中心は急所である。

いかに努力しても、急所を外しては、労のみ多くして功が少ない。しかし、どこが急所やら、どこが中心やら、それを見極める人は実に少ない。

蓋ある水に月は宿らじ

こちらの身体《からだ》が健康で、空腹でさえあれば、何を頂いてもうまい。しかし、どんなご馳走《ちそう》を出してもらっても、胃が悪いとか、お腹《なか》が大きいというのでは少しもおいしくない。

◇

すべては、こちらの態度一つで決するのである。己の魂、己の精神が明らかであれば、いつ、どこへ行っても明らかであるべきはずである。

一切の幸・不幸は、こちらの腹一つで決まるように思う。

月影のいたらぬ里はなけれども
蓋《ふた》ある水に月は宿らじ

誰《だれ》の作か知らぬが、こんな歌が短冊に書かれてあったのを読んだことがある。歌としての良し悪《あ》しは別として、その通りだと思う。

世の中は変化極まりない。まことに定めなきもののように言う人もあるが、
それよりも、もっともっと定めなきものは己の心なのである。己の心さえ、
己の精神さえ、はっきり定まったなら、何がどう変わろうと驚くことはない。
人間は精神を練ることが肝要である。腹をつくることが大切である。

内を浄めよ

考えれば考えるほど、そうだと思う。
おまえの一番の敵は、おまえの内にかくれている。
闘わねばならぬものは、おまえの内以外には、どこにもいない。
おまえの争わねばならぬ相手は、どこにもかくれてはいない。
痛みも、悩みも、
おまえの内にかくれているものの仕業《しわざ》だ。
打ち破らねばならぬおまえの敵は、

いま、おまえのうちに、ますます陣容をかためている。
あのどよめきが、耳に聞こえぬか。
ぐずぐずしておる時ではない。
うろうろ、うろついている時ではない。
今日にも、いまにも、
打ち砕け。
おまえのうちに凝《かた》まっている、
おまえのうちに停《とど》まっている、
おまえの敵を、
おまえ自身が、叩《たた》きつぶしたら、
もう、痛みも、悩みも、どこかへ消えてしまう。
おまえの心は水のように、淡々と流れる。
おまえの仕事は新芽の萌《も》ゆるように、伸びてゆく。
おまえの内を浄《きよ》めよ。

こんな自分になりたい

誰《だれ》の前に出ても、自分の信じていること以外は、言うたり、したりしない人間にならしてほしい。

どんなことを言われても、せられても、腹の立たないような人間にならしてほしい。そしてそれがために、自分の仕事ができなかったり、行き詰まったりすることなく、どんどん自分の道を新しく開いてゆけるような人間になりたいものだ。

強《し》いて長生きをさせてくださいとは祈らぬが、せめて、生かしていただいているあいだだけは、自分の言うたりしたりすることが、自分に気持ちよいばかりでなく、一人でも多くの人の役に立つような人間にならしてほしいものだ。

弱い人間には同情できるが、強い人間の言うことやすることには、いつも反抗的な心が頭を持ち上げてしようがない。強い人にも弱い人にも、頭の下がるような人間になりたい。

しかし、強い人の言うことやすることが、弱い人をいじめたり苦しめたりするような結果になる時は、それに盲従しないだけの勇気を失いたくないものである。

矩を踰えず

私は、私の知っている人たちの、けがれた暗い半面を見た時、聞いた時、冷たい侮蔑《ぶべつ》の念を湧《わ》かしてきた。口先では、その人のために、いかにも心から同情するようなことを言うけれども、果たしてその人のために、いくたび真実な祈りを捧《ささ》げたことがあるだろう。純真な心で、その人のために、どれだけ考えたことがあるだろう。

人のけがれた行為や暗い半面を知って、その人のために純真な祈りを捧げるのは尊いことではあるが、決して容易なことではない。多くの場合、人の暗い半面を聞いて、自分の興味の材料にしておったようなことさえありはしないか。

私は恐ろしい罪人であったと思う。

いま心からそれを悔《く》いている。たとえ表に現れないにしても、自分の心の奥に、その人に似たものをもってはいないだろうか。人が人を憎むということができるだろうか。人が人を侮蔑するということができるだろうか。私はそれほど高潔な人間であろうか。

自分の過去の内面生活を省《かえり》みた時、そこには汚《よご》れが臭気を放っている。たとえ美しい言葉や、表面的な行為で、それを包みかくそうとしても、自分自身にさえその臭気を感じていながら、見抜き見通しの神様の前で、どうしてかくしおおせるであろう。

私はいま、真実の道に新しく旅立たなければならない。そして、いつ誰《だれ》の前でも、暗い影のない、明るい心持ちで進まなくてはならない。

◇

私が一人で静かにいる時、おまえは嘘《うそ》つきじゃ、おまえは見栄坊《みえぼう》じゃ、おまえは力のない奴《やつ》じゃ、おまえは恥知らずじゃ、という声が聞こえる。この声が聞こえてくる時は、私の心の一番深いところが働いている時だ。そして、私の頭の一番ハッキリしている時だ。

　頭の働きの悪い時や、表面的な心が動いている時は、その反対の声が聞こえてくるのである。この時が一番危険である。

◇

　毎日の自分の生活を反省してみると、ほとんどその大部分を無意識的に行動している。その無意識の行動をつぶさに点検してみると、随分穴だらけである。いかに修養が足りないかということを、しみじみさんげせずにはおれない。

　意識している時には、不足を言うたり、人の陰口を言うたりすることほどつまらぬことはないと思うている。ところが、無意識の時には、随分不足を言うたり、陰口を叩《たた》いたりすることがある。あとで思うと、こんな恥ずかしいことはない。

　無意識のうちに営まれている行動の一つ一つが、己を生かし、他を生かすものになっていなければ、まだまだ本物とは言えないであろう。

論語の「心の欲する所に従いて矩《のり》を踰《こ》えず」というのは、無意識のうちの行動の一つ一つが、ちゃんと線にのっているということではないか。そこまでゆくには容易な努力ではない。

苦難を喜悦に

どんな名船長が乗っている船でも、航海中に嵐に遭《あ》うこともあれば、大波に出合うこともある。いかに信心の深い人でも、人生行路のうちには苦難に遭遇せぬとは言えぬ。信心さえすれば、まるで一年中がうららかな春ばかりになるように思う人もいるが、そんなことは夢である。

しかし、嵐に遭っても、大波に出合《お》うても、ビクともしないでそれを乗り越え、目的の港に船を入れるところに名船長たるの所以《ゆえん》がある。

暑い夏も寒い冬もあるので、万物が育つのである。苦難こそ有り難い導きである。

◇

人間は苦しい時ほど緊張する。生活にも心持ちにも苦しみのなくなった時、きっと弛《ゆる》みが出てくる。この時が一番怖い。

苦しみそのものはよいとは思わぬが、苦しみによって培《つちか》われた魂の緊張は、何といっても尊い。

細道では怪《け》我《が》はしないが、往還の道で怪我をするのである。

◇

悲しい時には悲しみ、苦しい時には苦しむのがいいのだなどと、自然主義的な考え方をしていた時代もあったが、それだけではいけないという気持ちがする。むしろ苦しみを楽しみに、悲しみを喜びに変えてゆく努力がなくてはなるまい。人間の一生に、どうして花笑い鳥歌うのどかな春の日ばかりが続こう。寒風肌を刺す冬も、炎熱身を焼く夏もある。苦難を喜悦に変え得るだけの用意なくしては、生き甲《が》斐《い》のある一生は通れない。

非難を有り難く受ける心

他人を非難したあとは寂しい気がする。非難は人を傷つけ、人を殺すことがあるからである。

私が人を非難している時は、いつも無反省の時だ。自分が反省している時は、自分への非難があまりに多いので、人の非難はできなくなる。他人を非難したあとは寂しいが、自らを非難したあとは朗《ほが》らかな気がする。

◇

人間が真にしっかりしてくると、他人の悪口などは言わなくなり、他人からの悪口なども気にならなくなる。

弱い犬はすぐ吠《ほ》える。そして、他の犬がちょっと吠えると、すぐむきになって食ってかかるが、そのくせ、さてとなると尾を巻いて逃げていく。人間も、これに似ている。

◇

人から非難されると、すぐ言い訳をしたい心持ちが起こる。これは、実に恥ずかしいことである。

非難に対し言い訳をしようとする心持ちのなかには、自分を飾ろうとする、まことに不純なものがある。

非難されることを恐れるよりは、非難を弁解しようとする自らの狭さと不純さを、非難してゆけるようになりたいものである。

有り難い説教を聞かせてもらうよりも、非難を有り難く受けて、己の魂の糧《かて》にしてゆくほうが、どれだけ大きく伸びるかもしれないと思うことさえある。

非難は何よりも有り難い心の糧でなければならぬ。

不平は禁物

不平は禁物である。不平は落伍者《らくごしゃ》の泣き言である。どこの世界へ行っても、自分を完全に容《い》れてくれる世界などあろうはずがない。

そんな世界を求めているような人がもしあったとするならば、それは夢を追うている人である。おそらく、そんな人は不平の絶え間がないであろう。

しかし、自分の進むべき道を自ら開き、自分の住む世界を自ら開拓するものにとっては、どこへ行こうと自由な楽しい世界でない所はない。この地上の生活そのままが楽園である。

◇

ある教会の青年は、先輩や会長の不足を告げていた。そして、教会を出ようかと思うと言うてきた。そんな青年は、どこへ行っても住む世界はない。自分の理想や抱負があるなら、なぜ教会でそれを実現しないのか。それがために、よしやどんな困難があろうと、非難があろうとよいではないか。正しいことならばいつかは通る。真実のことならば神様が通してくださる。こう腹の決まったものには、むしろ苦痛は楽しみである。

教会に届かぬ点があるのならば、なぜそれを届かすように努力しないのか。それが教会の一員としてのつとめではないか。今日の青年はあまりに無気力である。従順と無気力とは、似て非なるものである。

老人が己のつくり上げた殻《から》を大切にするのは無理のないことである。人間として己の努力の結晶を愛さざるものはない。それをとやかく言う青年は、先輩の苦労を知らなすぎる。

しかしながら時代に即する一切の新しい運動は、ことごとく青年の手によって営まれてきた。青年の精進と努力なしに、どうして社会の進歩があろう。私は不平を言う青年には好意をもてぬ。さりとて老人のご機嫌のみをうかごうて、己を守ることに汲々《きゅうきゅう》たる青年にもまた好意をもてぬ。

老人には尊敬を捧《ささ》げねばならぬ。しかし己の理想と抱負の実現のためには、いかなる非難も攻撃も恐れず、敢然《かんぜん》と進み得る青年こそたのもしい。

◇

私はある教育者を知っている。彼は教育に対する理想と見識をもっていると自負している。それでいて、文部省の方針がどうの、校長がどうのと、聞こえぬところで不平ばかりを言っている。何故《なにゆえ》に己の理想を断固として遂行《すいこう》しないか。おそらく首を恐れるからであろう。首は可愛《かわい》い。首以下の理想や見識や抱負は、推して知るべしである。

この世のなかのどこを探し求めても、自分のためにつくられた自由の世界などない。しかし自らが開拓するならば、いつ、どこにでも自由の世界は展開する。そうした人には、努力はあっても不平はない。

不平はいかなる場合においても落伍者の泣き言である。

我が道を往く

私がある日、原稿を書いていると、道の先輩がこう言った。原稿などを書くことは、もういいかげんにやめたほうがよかろう。道のものが、書いたり読んだりするのは本当じゃない。それは外道というものだ……と。私はこの先輩の言葉に従って、なるべく書くことから遠ざかろうとした。すると、また他の先輩から、原稿はぜひ書いてもらわねばならん、執筆者が少ないのだから。書くということも道の仕事だもの……と。

前者に従えば、後者に反することになる。後者に従えば、前者を無視することになる。前者は文書に近づくことは外道だと言う。後者は文書によることも道の大きな仕事だと言う。どちらが正しいか、どちらが誤りか。どちらがよいか、どちらが悪いか。私はいま、それを批評しようとするのではない。

◇

何か一つの意見を発表する時、きっとどこかにその意見に反対する人が現れてくる。というて、やはり賛成者も同様に現れてくる。この事実は、まことに面白《おもしろ》い。

もう幾年か以前のことだが、私は『みちのとも』の誌上で、禁酒論を発表したことがある。もちろん私は禁酒を厳守していた。その当時、私の禁酒論に非常な共鳴を寄せてくれた人がかなりあった。私は実に嬉《うれ》しかった。けれども、共鳴してくれる人ばかりではなかった。反対する人も相当にあった。

その後、私はある機会から、禁酒の価値というものに多少の疑をいだくようになってきた。自分の心持ちに合わなくなった禁酒論を、ひとたび発表したからというような理由で、無理に固持していくことは、かえって自らを欺《あざむ》くものだと思ったので、「左党礼讃《ひだりとうらいさん》」という題で同窓会雑誌にその時の心持ちを正直に発表した。そして禁酒論の撤回をした。この時にも禁酒論を発表した時と同じように、共鳴した人、反対した人、相半《あいなか》ばしてあった。

そのことがあって、さらにのちのことである。私の心持ちはまた変わってきた。禁酒もいけなければ、礼讃もいけない。どちらも偏《かたよ》ったものであって、前者は人の心を硬いものにしてしまう。だからといって、後者はいつの間にやら人の心を麻痺《まひ》せしめてしまう。やはり自然のままがいい。偏ることは、どちらもいけない。どちらにも無理があるように思う。

飲んでもよい、飲まなくてもよい。いずれにしても、無理であることはいけない。これはおのおのの自覚によるべきものだというふうなことを『地場思潮』で発表したことがあった。この時もまた前と同様に、共鳴してくれた人と、不徹底だと誹《そし》った人とがあった。

私はいま、酒を飲むことのよいか悪いかを、ここで言おうとするのではない。単に酒ということについてでも、私の考え方が二度も三度も変わってきた。この私の心持ちの変化そのものについても、そういうふうに変わるのが本当だと言ってくれた人と、あざけり笑《わろ》うた人とがあった。

◇

私が洋服を着ると、洋服をやめよと言う人があった。同じやめよと言う人のうちにも、見方はいろいろあって、和服に比べて洋服は品がないからやめよと言う人もあれば、洋服は生意気に見えるからやめよと言う人もあった。その反対に、洋服のほうが便利でよいと言ってくれた人もあったし、洋服のほうが似合うなどと言ってくれた人もあった。

◇

私が初めて鼻下に髭《ひげ》を生やした時、よいと言うた人と、よくないと言うた人とがあった。頭の毛を長くした時も同じであった。もちろん髭を剃《そ》った時にも、頭の毛を短くした時にも、賛否いずれもあった。

◇

非常に仲の悪いAとBの二人が同じ教会にいた。私がAと親しく話していると、Bは私に対して不快らしい態度をとった。私がBと親しく語っていると、Aはまた快く感じてくれなかったように思う。

私にとってはAもBも親しい友であった。

◇

M先生がいまの洋館を建てられた時、ある人は非常な反感をいだいて悪口を言っていた。またある人は、M先生でなければできない思いきった建築だと感心していた。

昔から「螻蛄《けら》腹立つれば鶫《つぐみ》喜ぶ」ともいわれているが、人が何か事をすれば、必ず褒《ほ》める人と、誹《そし》る人とが現れてくるものである。

私はもう、そんなことはどうでもいいと思う。自分は自分の信ずる道を、正直に進んでいくよりほかにないと思っている。人の毀誉褒貶《きよほうへん》などは、どうでもいい。

人の顔色ばかりを見て生きていこうとすることほど、嫌《いや》なものはない。外からの刺激のみによって動いている人は、機械化された人と言うても差し支《つか》えはない。そんな人には、内省も、自覚も、求道的精神もあったものではない。文楽のあやつり人形ならそれでもいいが、赤い血の通うている人間には、そんなことはできない。もっと自由な心持ちで、進んでいって差し支えないと思う。

私は私のために開かれた道を、最も正直に精進しようと思う。これは決して容易な生活でないことも知っている。しかしこの苦しみこそ、生《い》くるものにのみ与えられた特権である。

私は私の道を歩む。

己より出でて己に帰る

人の世話をしたり、人に親切を尽くしたりするということは、自分のためではなく他人のためにするのだ、とのみ思っていた私は、近ごろどうも、そうは考えられなくなってきた。

人に親切を尽くすということも、人の世話をするということも、突き詰めて考えてみると、やはり自分のためであって、決して他人のためではない。人に尽くした喜びというものは、尽くされた人よりも尽くした人自身がもっているものだ。人の世話をしたというが、世話の価《あたい》というものは、世話を受けた人が得るのではなく、世話をした人自らがもっている。これは、どうすることもできないものである。私は近ごろになって、ようやくこんなことを考えるようになってきた。

◇

本当の意味において、人が人に施《ほどこ》すということもできなければ、人が人から施されるということもできないのだ。自分でしたことは、自分から離れるものではない。それが親切であろうが、不親切であろうが、施しであろうが、盗みであろうが、自らしたことは、誰《だれ》に譲ることも、誰から譲られることもできるものではない。

人のために尽くしてきたとか、人のために働いてきたとか、人のために苦しんできたとか、人のために努力してきたとか、人のために施してきたとか……ということは、無反省のうちに、よく言うことではあるが、じっと深く考えたら、自分でしたことはどんなことでも、そのまま自分のものになっている。

結局、己より出《い》でたるものは己に帰るのである。

◇

同じ根拠から、他人を頼みにしたり、他人をあてにしたりすることは、大きな誤りである。自分の頼みになるのは自分である。自分のあてになるのは自分である。自分以外に、頼みやあてがあるべきはずがない。親子だから、兄弟だから、夫婦だから、友達だからといって、人を頼みにしたり、あてにしたりするようなことがあってはならぬ。

人生は一人であるのが本当だ。

自分のしたことが、どうして他人のしたことになり得るだろう。他人のしたことが、どうしてまた自分のしたことになり得るだろう。このことは、誰でもはっきりと自覚しておかねばならない、最も重大なことである。

◇

人生は一人である——この見方は、考えようによっては寂しいかもしれぬが、力強い生き方である。煩悶《はんもん》や不平は、このことをはっきり意識することによって、大方、影をひそめてしまう。

信仰生活というのは、要するに、自分が自分に頼るという、確かな自信のある生活を言うのではないかと思う。私のこの考え方には、反対する人もあるだろう。信仰というものは、むしろ自分以外のある偉大なものに頼る心である……と。

しかし、私の言い方があまりに端的であるがために、誤解を招くかもしれないが、自分以外のものに頼るということは、それは依頼心であって、本当の信仰生活に入ろうとするものには、最も警戒しなければならない敵である。真の信仰とは、そんなものではないと思う。いままで潜んでいて、現れていなかった本当の自分というものを新しく掘り出し、その自分というものによって、どんななかでも、どんな道でも、何の不安もなしに、強く、自由に、自分自身を連れて通っていくという、心の底から湧《わ》き出てきた力そのものが信仰ではないだろうか。

◇

どんな偉い人があったところで、どんな親切な人があったところで、その人はその人であって自分ではない。自分を導くものは、やはり自分である。

自分をたすけるものも、自分を苦しめるものも、自分以外にない。

こう言うと、この世界にいかに多くの人がおっても、人はおのおの孤立していて、全く無関係であるかのごとく言っているように聞こえるかもしれない。が、しかし、私はそんなことを言っているのではない。誤解を避けるために、もう少し付け加えておこう。

ここに一人の非常に優れた、偉大な思想家があるとする。その人の通ってきた道、その人の思想、その人の人格、それはその人自身のものであって、誰のものでもない。また、誰もどうすることもできない。けれども、その人の歩んだ道、その人の思想、その人の人格というものを、私たちが理解し、思慕《しぼ》することによって、私たちの内的生活の肥《こえ》とし、私たち自身の内的生活を豊富にすることはできる。これは言うまでもないことである。

人々が宗祖を慕《した》うということも、それは、その宗祖の思想、人格、歩んだ道を、己の生活に取り入れよう、そして己の内面的生活をより豊かなものにしようとすることにほかならないのである。

だから、私はこの点において、人と人とは孤立だとも、無関係だとも言うのではない。むしろ人と人とは、深い関係と、デリケートな交渉とをもっているものだと思っている。これだけ言えば、私の「人は一人だ」という心持ちが誤解なしに分かるであろうと思う。

人と人には、いかに深い関係やデリケートな交渉があるといっても、他人の人格は、そのまま自分のものにはならない。その人の歩んだ道は、その人のものであって、自分は自分の歩んだ道以外、自分のものにはできぬ。

自分の体験は他人に与えることができない。他人の体験もまた、自分にもらうことはできない。

所詮《しょせん》、自分を生かすものは自分である。自分を殺すものも自分である。自分を伸ばすものも自分である。自分を曲げるものも自分である。真も善も美も、幸も不幸も、一切のものは自分のうちにある。そして人から奪われることも、奪うことも、施すことも、施されることもできぬ。人生はただ一人である。このことは、正しくはっきりと知らねばならぬ。

根なし草

私はいつも、自分の奥底から本当に湧《わ》いてくる力に、生かされていきたいと願《ねご》うている。他から動かされてしていることは、どんなによいことをしているようでも、根のない草のようなもので、確かさがない。いつもふらふらとして不安なものだ。自分の奥底の力で動いている人は、根が地中におりているように、いつも無限なものと通じている。どこかに安心のできる確かさがある。

◇

出世をさせてやるから働けと言われて、喜んで働ける人は、気の毒な気がする。それは、出世をさせてもらえなかったら働けない人だから。出世をさせてもらえても、もらえなくても、自分が働きたくて働いている人は幸福である。働くこと、そのことによって喜びを感じているのだから。

◇

人間が本当に喜んで働けるのは、あとで出世をさせてもらえるとか、お金を貰《もら》えるからではないのだが、それがなかなかはっきりしない。それをはっきり見通した生き方にしたいものだと念じている。

成ってくる理

心に締まりのないのはいけない。締まるところはやはり、きちっと締まりがなければいけないと思う。けれども、心に締まりがあるというのと、力むというのとは、よほど違う。どうかすると私たちは、これを混同してしまうことが多い。

力んでいる姿は、ちょっと外から見ると、いかにも緊張しているように見えるが、内側は空っぽで、風船玉の張りきったようなもので、一つ穴があくとヘナヘナになってしもうて、持ちも提《さ》げもならなくなってしまう。

締まりのある心というのは、そんなものではない。外に心を使うのではなくて、内にしっかりしたものを摑《つか》むのである。

力む生活は、自分を立派に見せようとする虚勢の生活である。締まりのある生活というのは、外からどう見えようと、それは問題ではなくて、内を満たそうとするのだから真実である。人が何事言おうとも、神が見ている気をしずめ、の心境である。

◇

真実の生活というものは、自然のうちに溶けた生活だから、一見弱そうに見えるかもしれぬ。けれども隙《すき》がないのだから、結局は一番強い生き方である。

いまどきの社会生活には、力むということも時に必要かもしれぬが、それよりももっともっと大切なことは、隙のない営みである。外を見る以上に、内を見つめることが大切である。

◇

成ってくる理を楽しむという生き方には力みがない。

私たちはあまりにも将来を予定しすぎる。予定通りにゆけば思い上がるし、予定通りにゆかねば失望する。どちらにしても、将来を予定する心のうちには「神」はない。予定はどこまでも予定であって、確定ではないから常に不安が去らぬ。

そんな心もとない不安な生き方をするより、与えられたその日その日に全力を捧《ささ》げて、すべてに感謝し、それを生かしてゆく心持ちほど、確かな生き方はないのではあるまいか。己を捨てたものには予定はない。成ってくる理を楽しむ心は「神」を知るもののみに許された境地であろう。

大火も一本のマッチから

彼はちょっとした傷だからといって、そのままに打ち捨てておいた。そこから化膿《かのう》して、それがだんだん大きくなって、ついには片足を切断してしまわねば一命にもかかわるという結果になった。とうとう彼は片足を切断してしまった。そして、辛《かろ》うじて一命だけは取り留めたのである。

千軒を焼き尽くすような大火も、その元は一本のマッチか、煙草《たばこ》の吸い殻《がら》くらいのものである。

このように、ちょっとした機会が人間の一生を左右することがある。機会なんていうことは何でもないように思う人もあるが、これほど不思議なものはない。また、これほど恐ろしいものはない。

人間は大きなことには驚き、あわてふためくが、とかく小事はなおざりにしがちである。

◇

人生の寂しさから逃れようとする二人の人があった。一人は信仰によって逃れようとし、一人は酒と女によってまぎらわそうとした。同じ寂しさから逃れようとして、二人はこの異なった方面にスタートを切った。時を経て、一人は宗教家として多くの人から尊敬を受けるに至った。一人はならず者として、親兄弟からさえも見捨てられてしまった。

二人の間には非常な相違ができた。しかし幾年か以前には、二人とも同じ人生の寂しさに立っていたのである。

◇

寂しさに耐えかねて、女を抱いた男がある。苦しさに耐えかねて、仏道に入った男がある。女を抱いた男が罪人で、仏を抱いた男が善人だと、ひと口に言い去るのは、あまりに世俗的な批評ではないかと思う。

人生を、もう少し味のあるものとして見てゆきたい気もする。

◇

彼は、善人にもなれば、悪人にもなる。男である彼を信ずる友人の前には、彼はどうしても悪人になれぬ男だ。彼を憎む人々に対しては、どうしても善人になりきれぬ男である。

そのくせ、彼はたえず、敵の前にも味方の前にも、善人になりたいと願っている。

◇

表面、いかにも君子人であり、善人であるかのごとく見える人のなかにも、案外、狭量《きょうりょう》で排他的な人があるのと同様に、その反対に、悪人のように言われている人のなかにも、なかなか善い人もある。

前者は己の身によろいをつけて、城のなかで自己を守ることに汲々《きゅうきゅう》たる人に多く、後者はよろいもなく城もなく、本当に素っ裸で、血と涙と汗の山河を渉《わた》っている人に多い。

前者の領土は限られているが、後者の領土は無限である。

地上にあるすべてのものは、神が許されているゆえに存在するのである。小さい自己を基調として判断することは、まことに危険である。真の愛の所有者は、広い世界に住むものでなくてはならぬ。

◇

悪を為すということがいいことでないのは、いまさら言う必要もない。しかし、一度悪を犯したら、もう再び浮かぶ瀬はないという考え方はどうかと思う。

人間という存在は弱いものだから、フトした機会に、あとで考えてみると、「どうしてあの時あんなことをしたのかしらん……」と思うようなことが、よくあるものである。それを唯一の攻め道具として、あんなことをした奴《やつ》は、こんなことをした奴はと、いつまでも非難するのは、まことに恐ろしいことである。

前科などがある人に対しても、こんな見方をするのは慎《つつし》みたいと思う。こうした絶望的な考え方が、救われ得ざるものにしてしまうことがある。

悪に対する考え方は明瞭《めいりょう》でなくてはいけないと思うし、またいくら悪事をしたからとて、さんげさえすればそれでおしまいだというふうな考え方もよくないとは思うが、一度犯した罪を、いつまでもいつまでも非難し、救い得ざるものと考えるのも、まことに恐ろしいことである。

悪いことは再び犯すまいと、こう自覚し決心する心持ちは実に尊いと思う。真のさんげというものは、私は悪いことをいたしまして、まことに相すみませんと、過去に犯した行為を詫《わ》びるだけではなく、これを再び繰り返さないという将来への決意が一層大切だと思う。ここにさんげの尊さがある。

恐ろしいのは、もうひとたび悪事を為したのだから浮かぶことはできない、ひとたびひっくり返した盆の水は元に返すことはできないのだ……という自《じ》棄《き》的な考え方である。

私はむしろ、俺《おれ》はまだ一度も悪事を犯したことがないと、うぬぼれている人よりは、犯した悪事に対して、真にさんげ、転心の心持ちをもっている人のほうが尊いように思う。

本当のさんげというものは、即刻改めるものでなくては嘘《うそ》だと思う。いつかいい機会にとか、来年からとか、明日からとかいうのは、みな嘘である。少なくとも真のさんげではない。いま直ちに、でなくてはならない。

水に入るということと、濡《ぬ》れるということとが同時であるように、さんげと生活との間に、時間的に些《いささ》かもズレがあってはならぬと思う。

◇

人間である限り、美を求め、平和と幸福とを願わぬものはあるまい。

善人と言われても、悪人と言われても、奥底の真性には明白に善悪を判別する世界がある。ほんのちょっとしたほこりによってそれが覆《おお》われ、善と悪とを見失うことになる。

泥棒をしたり、人殺しをしたりする時は、鬼であるかもしれぬ。悪魔であるかもしれぬ。しかし芯《しん》からの鬼でもなく、悪魔でもない。必ず奥底では慄《ふる》えている。泣いている。恥じているに相違ないと思う。人間は神の子であり、神の分けみたま的存在である。教育や宗教にたずさわるものは、このことを忘れてはならぬ。

心一つ

人間の身体《からだ》は実に不可思議である。

いくら、この眼《め》でよいものを見ても、決して減るものではない。一度使えば減り、二度用うれば減るというようなものではない。

むしろ、この眼でいいものを見れば見るほど、いいものが眼につき、いいものがますます見えるようになってくるのである。しまいには、いいものばかりが眼に見えるようになってくるものである。

その反対に、悪いものを見ると、次から次へと悪いものが眼にうつり、眼に見えるようになってきて、しまいには見るものすべてが悪いものになってしまう。

◇

いくらこの眼を使《つこ》うても減りはせぬが、いいものを見るようにすればするほど、いくらでもいいものが見え、反対に悪いものを見る癖《くせ》がつくと、見るもの見るものが悪いものばかりになってくる。

同じ眼をもっていながら、いいものばかりを見る人の幸福と、悪いものばかりを見る人の不幸とには天地の相違がある。

これは眼ばかりではない。耳も同じことである。いいことを聞こうと努力する人は、だんだんいいことを多く聞けるようになってきて、しまいには、聞くことすべてがよくなってくる。ことごとく神の声のように聞こえてくる。しかし、悪いことを聞くように慣らされている人は、悪いことばかりが聞こえてくる。まるで耳は、不足と不平を聞く道具のようになってしまう。

◇

口もまた同じである。

いいことを語ろうとする人は、いくらでもいいことを語る。いくらいいことを語っても、口が減るものでもなければ、言葉がなくなるものでもない。次から次へといい言葉が生まれ、いいことが語られる。一方、悪いことを言う習慣の人は、語れば年中、悪いことを語っている。不足を言うか、不平を言うか、悪口を並べるか、口から出る言葉ことごとくが悪いことばかりになってしまう。

眼や、耳や、口だけではない。手でも足でも同じことである。いくらいい仕事をしても、手も足も減りはせぬ。何ぼうでも、いい仕事ができる。また悪いことをする段になると、これまたいくらでも悪いことができる。

◇

よいものを見るのも、悪いものを見るのも、よいことを聞くのも、悪いことを聞くのも、よいことを語るのも、悪いことを語るのも、よい仕事をするのも、悪い仕事をするのも、めいめいの心一つである。

めいめいの心さえ真実になってくれば、すべてがよくなってくる。一切が明るく生き生きとしてくる。

しかし、心が不純になってきて、真実より遠ざかってくると、すべてが悪くなってきて、一切が暗く生気を失うに至る。
心の使いよう一つで明暗二つに分かれる。

まこと

ある所でご馳走《ちそう》になった。新しい割り箸《ばし》から、爪楊枝《つまようじ》に巻いた占いが一枚出てきた。何が書いてあるかと開いてみると、俗謡一首。

使えば減るもの千両小判
減らぬは互いの実と実

本当にいい歌だと思った。

◇

まことは断じて敗北することがない。まことを捧持《ほうじ》する人々が、時に敗北したかのように見えることがあっても、実は決してそうでない。ただ、かくれているだけである。間もなく一層輝かしい光をもって現れてくる。まことはいかなるものにも、傷をつけられることがないということは、危ぶみなく信ずるがよい。

人間心によって得るものは、それは本当に得たのではない。まことに仕えて失うものは生き、人間心によって得るものは失うのである。このことは、神に仕えるものの、固く確信すべきことである。

生きる妙味

年一年と人は老いてゆく。この世に生まれたということは、いつの日にか死なねばならぬという運命を背負ったことである。生まれたと喜んだ時、すでに不治の病にかかったのも同じである。

長命とか短命とか言ってみたところで、火を点じたろうそくの命みたいなものである。

こんな明らかな事実はないのだが、それをそう簡単に扱えないのが人間である。

あらゆるものは生きている。そして、いつまでも生きようと欲している。しかも一方、いかに長く生きようとしても、そう思いのままにゆかぬことも知っている。それでいて老いを悲しみ、死を悼《いた》まずにおれないのが人間である。

いま、愛する人が瀕死《ひんし》の病床についている。医者は絶望を宣言している。どう考えても、たすかりそうには思えぬ。それだのに、捨てておくことができない。あらゆる手を尽くして介抱する。ついに絶命してしまった。それでもなお蘇生《そせい》させる道がないかと願う。

人間の生活は悟りだけの生活でもない。そうかといって執着だけの生活でもない。それが人間の生活である。

◇

ある人が、ある理想をいだいている。しかしその人の生活は、その理想とは合致しない。合致しないからといって、理想を捨てることも現実を退けることもできない。

理想はついに理想である。

仮に、ある一つの理想が達せられたとすれば、それはすでに理想ではなくなって、さらにまた新しい理想を描くであろう。理想の尊さは、達せられないところにあるのではないか。

永遠に理想と現実とは合致しない。

しかも理想を退けきることも、現実をそのまま肯定することもできない。そこに人間の姿がある。

「足るを知るは第一の富」という諺《ことわざ》がある。

この言葉は、それだけで満足して、それ以上得ようと努力してはならぬという意味ではない。

人は生きている以上、欲望がはたらいている。欲望がはたらいているということは、心が満たされていないということにもなる。人間の生活は不満の連続のようでもある。しかし、その不満の奥底に感謝を知ることがなければ、人は永久に救われないであろう。

「人生はかくありたい」の一念に燃えながらも、その心の奥に「これは有り難い」の心境がなくては、いつの日にか生活の安定を得ることがあろうか。

この矛盾《むじゅん》のなかに人間がある。

至るところに矛盾のあるのが、この世の相《すがた》である。矛盾から逃れようと努めながらも、なおかつ矛盾の生活を続けているのが人間の正体であり、生きる妙味《みょうみ》でもある。

自覚なきものに矛盾はない。矛盾を心づかない生活に人間味はない。さりとて、矛盾にのみ心を取られ、それに苦しんでいる時に、人間の幸福はない。矛盾を覚《さと》り、それから逃れることに努力し、しかも脱し得ぬ矛盾に捉《とら》われぬ生活、そこに人間らしい生の味わいがある。

安心立命

この夏には親しい友を大勢失《うしの》うた。秋になると、亡くなった友のことが、ひとしお思い出される。死を思うのは寂しいことである。しかし、寂しいながら、己の心がきよめられてゆくような気がする。人生を静かに見つめることができるように思われる。死を忘れている時には、人生はいつも浮《うわ》ついている。

◇

人は必ず一度は死ぬ日が来る。

明日の日を知る人は誰《だれ》もないけれども、将来死ぬということだけは、何人《なんぴと》が誰の前で宣言しても間違わぬであろう。ただ、いつ、どこで、どんなふうに死ぬかということだけは知る由《よし》もない。

人の努力によってある程度、いろいろな不幸から逃れ得ることがあるとしても、死から逃れることだけは絶対にできるものではない。生きとし生けるもの、必ず一度は死に直面する日がある。

◇

どうしても逃れ得ることのできぬ死ではあるが、人は一番これを恐れている。いくら恐れても、嫌《きら》っても、これだけは貴賤《きせん》貧富の別なくやって来る。この死の問題を解決しない限り、人生には本当の安心立命《あんじんりゅうめい》はないはずである。

果たして死の問題を解決する方法はありや。

ただ一途《いっと》ある。

生命を賭《と》しても惜《お》しくはないという立派な道を発見することである。

このことのためなら、この理想実現のためなら、この生命をいくら捧《ささ》げても惜しくはないというものを摑《つか》むことである。

◇

本当に欲しいものを買った時や、本当に望んでいたものを手に入れた時には、自分の財布のお金が減ったことより、買えた喜び、手に入れた嬉《うれ》しさのほうがはるかに大きい。

財布の金が減ったことを悔《く》いたり、惜しんだりしている間は、まだ本当に欲しいもの、好きなものを手に入れていない証拠である。

自分の財布を使い果たしても、自分の一生を棒に振っても、悔いも惜しみも残らぬような欲しいもの、あるいは好きなものをもっているか。寿命という尊い無限の財宝を惜しげもなくポンと放り出して、何を買い、何を摑むか。これが人間の一番大きな仕事である。この買い物が見つからなくて困っている人が多いのではないか。

この買い物さえ見いだしたら、もう安心である。

夢

夢というものは、決して虚妄《きょもう》なものではないと思う。それはやはり一種の自分の影像であるような気がする。

昔、何某《なにがし》とかいう清廉《せいれん》をもって自ら任じている士が、一夜、高楼《こうろう》に招ぜられて饗応《きょうおう》を受けた夢を見た。それ以来、門を固く閉ざして外へ出なかったということである。この話は簡単には笑えないと思う。覚めている時は抑えつけているが、自分の心の奥に潜んでいるものこそ夢になるからである。

だから「聖人に夢なし」という言葉もうなずかれる。

しかし、夢もまた生活の一部であることには間違いない。夢は人生を立体的にする。私は死んだ姉や母の夢をよく見る。その時たしかに、姉も母も、私の傍《かたわ》らにいて、いろいろの話をしてくれるのだ。ある時は、亡くなられた前会長から非常に叱《しか》られた夢を見たこともある。そんな夢の覚めた時は、私は過去が過去でない気がする。これは単に記憶が蘇《よみがえ》ったのではなくて、過去が現在に蘇ることができ、姉や母や前会長が、やはり私とともに在るということを感ずる。

もし夢というものがなかったならば、人生は単なる現在の連続である。そう考えると、夢を見ない聖人は寂しかろうという気もする。夢の世界をもつことのできるのは凡人の嬉《うれ》しさである。

夢を見るのはいい。ただ、覚めて恥ずかしくない夢を見たいものである。覚めて微笑《ほほえ》ましい夢を見たいものである。

幼いころには、小鳥のように真っ青な空を飛び回っている夢を見たことがある。大きな鯉《こい》になって、深い水の底をくぐって泳いだ夢を見たこともある。そのころの夢の世界は詩であった。そして、そのころの童心の生活は、やはり詩の世界であった。

そういう美しい、詩のような夢を見なくなってから、もう幾年になろう。

随分久しいことである。

生きている間に

日本人は死んだ日を「命日」と称して、いつまでも記念するが、生まれた日をあまり記念しない。死も一度なら、生も一度だ。生がなければ、死もないはずだ。死んだ日だけを記念するのは、おかしな話である。

◇

生きている時には案外、人の生命というものをぞんざいに扱っておきながら、死んでしまうてから、いかにも尊いもののように扱うのは、矛盾《むじゅん》した話だと思う。生きている間にこそ生命があるのだ。

人間が、死んでから尊敬されるように、生きている間に互いに尊敬し合うようになれば、この世のなかはどんなに麗《うるわ》しい世界になるだろう。

死は不可思議だ。しかし、生はさらに不可思議である。

淡々と水のように

私はとても肩を凝《こ》らす癖《くせ》がある。按摩《あんま》などしてもらっても、ほんの気休めくらいのものである。やはり、心が凝るのだと思う。

一つの仕事にかかると夢中になる。夜更《よふ》かしをする。不健康にもなる。それでいながら、心がそれから離れない。仕事がスラスラ進まぬ。いよいよ、かじりつく。どうにもならなくなって床についても、心が離れぬ。それがいけないと知りつつも、どうにもその固まりを流すことができない。

そんなふうに何かに凝っている時は、ちょっとしたことにもすぐイライラする。つい短気にもなりやすい。

一つのことに「凝る」のはいいとしても、それから離れるべき時にはスラスラと「離れる」修行をしなくてはいけないということを、しみじみ思う。凝り固まるということは、小さい我を押し通そうとする姿である。

物に応じ物に通ずる、その豊かさが、自然の心とでも言うのであろう。

肩の凝るのは執着が強いからだと、私は自己診断をしている。

◇

仕事仕事というが、何か一つの業績でも残そうとする気持ち、それがすでに醜《みにく》い妄執《もうしゅう》である。本当の仕事というものは、成そうとしてできるものではない。我意なしに自然に出来上がったものであってこそ、のちの世に残る仕事であろう。

◇

僧良寛《りょうかん》の手紙に、

「病気になる時は病気になるがよろしく、死ぬ時は死ぬるがよろしく候」

とあるが、いかにも良寛らしい。

◇

私はちょっとした文章を書くにしても、さらさらとはできない、悪い癖がある。想を練るなどというと、人聞きはいかにもいいようだが、実はこね回しているだけである。少しの素直さもなく、出来上がったものは、悪くねちねちしたものになっている。

これは文章ばかりではない。万事にそういう癖が私にはある。

もちろん悪意ばかりではないので、最善を尽くしたいと思う心もはたらいているからではあるが、むしろ自分の「拙《つたな》さ」をかくそうとする気持ちが多分にはたらいているからではないかと思う。そこには私意《わたくしごころ》がある。見苦しい気持ちである。いかに拙いものであろうとも、それが自分のものであるならば、そのままに出しておいたほうが間違いがなくてよい。割引される必要もない。心も軽く、気持ちも楽である。苦心とか工夫とかいうようなつらい思いをしないで済むだけでも、どれだけこだわりがなくて清々するか知れない。

全《まった》き巧みさにも芸術の妙味《みょうみ》はあろう。けれども、私は何となく、巧みさを忘れ、拙さを忘れた拙さのなかに、魂を打つ尊いものがあると思う。

自分の拙さのどうにもならぬことに気づいていながら、なお、その拙さをかくそうとする苦心は見苦しい。むしろ拙さを恥じず、拙さを喜んでさんげしていく気持ちになりたい。それが私の悪く凝る癖を、本当に救ってくれる道であると思っている。

◇

だんだん理屈を言うたり、聞いたりすることが嫌《いや》になってきた。好きだから好きだし、嫌《きら》いだから嫌いだし、もうそれ以上なんにも言いたくないような気がする。理屈ぬきの交際、理屈ぬきの生活がしたくなってきた。

素直に

素直ということは何でもないことのようであるが、なかなか難しい。たとえば物を貰《もら》うことでも、素直にできる人はなかなかいないと思う。物を貰うことが素直にできるような人ならば、物をあげることもまた素直にできるものである。

何かしら、あげる時にも、貰う時にも、心がひっかかるものである。これが何のひっかかりもなく、流るる水のごとく素直にできたら、それは大したものである。

生活を調えよ

人から物を借りていて、それを返しもしないで、返してしまったような清々《すがすが》しい心持ちになれと言ったところで、決してなれるものではない。それを返してしまった時に初めて、自《おの》ずから心が清々しくなるものである。

◇

朝寝をすると一日中、何とはなしに気持ちがよくない。よい気持ちにならねばならぬと努めてみても、なかなかそれができぬ。しかし早起きをすると、それほどよい心持ちになろうと努力しないでも、何とはなしに心が清々しくなるものである。

◇

心を調《ととの》えようとするには、生活を調べることが先決である。

よい心持ちになりたいと願わぬ人はないように思うが、よい生活をしなければならぬと思う人は、比較的少ないように思われる。矛盾も甚《はなは》だしい。これほど無理な注文はあるまい。

◇

何が見苦しいというても、自分の生活を隙《すき》だらけにしておいて、不足や、愚痴《ぐち》ばかりこぼしている人の姿ほど、哀《あわ》れにも見苦しいものはない。

信ずる一念

私は大きな間違いをいだいていた。私は人から信じてもらいたい、信じてもらいたいの一念でいた。

しかし、いくら人から信じてもらっても、自分の心のうちに信ずるものがなかったら、少しも力が湧《わ》いてこないということを知るに至った。

神様は信ずるものの心のうちにのみ、はたらいてくださる。人から信じられているからといっても、神様がはたらいてくださるわけではない。

信じられることよりも、信ずることによって、どれだけ大きい力が湧いてくるか知れない。

私は今の今まで間違っていたということを悟らせてもらった。これからは誰《だれ》から信じてもらえなくても、私から信ずる心にならしてもらいたいと思っている。信じられようとすることより、自分から信ずることのほうが、どれだけ確かか知れぬ。

私は信じられようとしていた一念から目覚めて、信ずる一念で一生を終わりたいものだと深く思っている。

こんなことがなぜ今日まで悟れなかったのかと、いまさらのように私自身の愚かさにあきれている。

◇

信ずるということと頼るということは、まことに混同されやすい。

私は、あの人を信じてこれこれのことを頼んだが、すっかり裏切られてしまった。もうあの人を信ずることができない、などという言葉をよく聞く。

相手に何か自分の望み通りのことをしてもらいたいと頼むようなことを、信ずることと思うのは大きな誤りである。

それは頼るということであり、利用するということであって、そういう心持ちには裏切られるというようなことも起こってくるであろう。

◇

信ずるということには、断じて裏切られるということはない。それは先方に、こちらの望み通りに動いてもらおうとするのではなくて、こちらが先方の意思の通りに動きたいと思うからである。自分の通り方や、勤め方にもどかしさを感じても、相手に裏切られるなどということはあろうはずがない。

◇

頼ろうとしたり、利用しようとしたり、何か自分のほうに求めるものがある時は、どうしても、かけひきや術策が起こってくる。どうしたら相手が動いてくれるだろうか、どう仕向けたら、こちらの思い通りになるだろうかと考えている間は、憎んでみたり、失望したりすることがある。しかし、信ずるということには、そうした憎しみも、失望も、不平も起ころうはずがない。

◇

信ずるというはたらきのなかに、利用するというようなことが、些《いささ》かでもあってはならぬ。

いつも陽気である。清々している。

あの人を信ずるということは、その人の生き方が本当のものであるということを認め、自分もそういう生き方をしようとすることである。

◇

信ずるということは、先方のまことを信ずるのである。先方のまことと、こちらのまこととが行き合っているのが信ずるということで、それ以外に、先方から何かしてもらおうの、どうしてもらおうの、ということではない。だから何百年、何千年前の人でも信ずることができ、何千里、何万里離れている人でも信ずることができる。

何かしてもらおうと考えたり、何か利用しようとするのであったら、そんな何千年も前の人や、何千里も離れている人や、一度も会ったことも話したこともない人を、どうして信じられよう。

信ずるということは先方のまことを認め、それにこちらが感動することであるから、それができるのである。

◇

信ずるということは、先方のまことを認め、それに順応するのであるから、こちらのほうにもまことの心が動きだしている。それが有り難いのである。こちらのまことが動いてこなかったら、先方にだけいくらまことがあっても、なんにもならぬ。先方のまことを認めるとともに、こちらのまことがはたらいてくるので信心は有り難いのである。

◇

この世に信ずる人のあるということは、どんなに有り難いことか知れない。信じさせてくださる。

まことを奮い起こさせてくださる。

それによって、何より尊い、有り難い贈り物を頂いているのである。数多い贈り物のうちで、こんな尊いものはざらにはあるまい。

「ありがとう」「ごめんなさい」

西洋を旅行してきた人から聞いたので、真実か嘘《うそ》か知らないが、英語など知らなくても、この二つの言葉さえ知っていたら、どうにか通っていけるということであった。それは「ありがとう」(Thank you) と「ごめんなさい」(Pardon me) の二つである。

私はまだ洋行したことがないので知らないが、人生を旅するうえにも、この二つはなくてはならぬ言葉であることを、しみじみ思うのである。

私たちは何かにつけて人さまのお世話になることばかりである。そして、人さまに迷惑をかけていることがまことに多い。しかも多くの場合、それを意識しないで過ごしている。

けれども静かに考えてみると、今日一日のことだけでも、どれだけ多くの人々にお礼を言わねばならぬか知れず、またどれだけ多くの人々に、出すぎや怠《おこた》りをお詫《わ》びせねばならぬか知れぬ。

今日一日の生活は「ありがとう」「ごめんなさい」の二つの心持ちよりほかに何ものもない。

この二つは、その心においては一つであるとも言える。結局は一つである。それは言葉を超えて、手を合わす姿であり、頭を下げる姿である。手を合わす姿、頭を下げる姿は、「ありがとう」であり「ごめんなさい」でもある。

人生を旅するものに、この心さえあったら巧みも術《すべ》も要《い》らない。単に西洋の旅だけではない。世界のどの果てまで行っても〝Thank you〟〝Pardon me〟この二つの態度さえ自覚しているならば不自由はないであろう。

人生の旅に忘れてならぬものは、この二つの心構えである。

ひとりよがり

人が一生懸命、自分の仕事に丹精しているのを見ると、実に気持ちのいいものである。けれども、その人が、自分のやっていることだけが真実で、おまえたちは何をやっているのだというような、誇《ほこ》らしげな態度を見せると、もうその人のやっている仕事さえも、見るに堪《た》えなくなるものである。

私は死ねませぬ

これこれのことができなかったら腹を切ってお詫《わ》びする、と言われるのをよく聞くが、どうも私にはしっくりこない。これこれのことができなかったわ、腹は切られるわ、となると二重の苦痛である。それより、これこれのことが成就《じょうじゅ》するまでは私は死ねませぬ、というほうが落ち着かせてくれる。「朝《あした》に道を聞いて、夕《ゆうべ》に死すとも可なり」という言葉は、味のある言葉である。特に「可なり」に味があるように思われる。

ありのままを

かなり苦しい思いをしていながら、景気のいいことを言って人気を集めようとする策も、しみったれた泣き言を言うて他人の同情を乞《こ》おうとする方法も、どちらも嫌《いや》な気がする。

双方ともに、さもしい。

思うて通えば

かつて私が、小学校へ通っている私の子供に「鉄一貫目と綿一貫目と、どちらが重いか」と尋ねたことがあった。子供は即座に「鉄が重い」と答えた。私は笑った。ばかなことを言うもんじゃない。鉄だって綿だって、一貫目は一貫目だ。一貫目の重さに、鉄だの綿だのと差異があるものか。それが分からねば秤《はかり》にかけてみればすぐに分かると、いかにも知ったふうに説明した。やっと子供は得心したようであった。

その後、私は考え直してみた。そして子供の言い分にも、そう簡単に否定できないものがあるのではないかと思うに至った。子供は直感から答えたのだ。私は理屈のうえから説明したのであった。

「思うて通えば千里も一里、逢《あ》わずに帰ればまた千里」という俗謡がある。「鉄の一貫目と綿の一貫目とは一つじゃ」と言い張った私は、思うて通うたとて、逢わずに帰ったとて、千里は千里、一里は一里であるべきはずである。しかし、私の内心の真実に深く問うてみると、思うて通うた道は近く、落胆して帰る道は遠いのである。

時間にしても、また同じことが言える。

愉快に仕事をしている時間は短いが、不愉快に仕事をしている時間は長い。

我がものと思えば軽《かろ》し笠《かさ》の雪

うがった俳句だと思う。

極楽浄土

金が人を使うのではなくて、人が金を使うのである。規則のために集団があるのではなくて、集団のために規則が設けられたのである。

政治のための国民ではなくて、国民のための政治である。宗教のための人類ではなくて、人類のための宗教である。

これほどはっきりしたことはないはずだ。それだのに、現実の世界では人が金に使われている。

集団が規則でいびつになっている。

国民が政治にあやつられている。

人類は宗教の違いのために自らの世界を狭くしている。

各人がこんな間違った考えから脱しなければ、本当によい生活を営むことはできない。

すべては人間のために設けられたのだ。人間のために設けられたすべてのものに、人間自らが奴隷《どれい》になっているのである。本末を転倒してはならぬ。

この世は極楽浄土であるが、本末を誤ると苦の世界になる。

一枚の名刺の力

出された名刺を見ると、その人がよく分かるような気がする。必要から書いた肩書と、なるべく自分を偉いものに見せようとして書き並べた肩書とは、不思議に感づくものである。

名刺はものを言わぬが、ものを言う人間以上に、その人を物語る。

ちょっとしたところにも、肉眼に見えぬ人の心が現れているものである。

売れない丸帯

これは聞いた話だが、事実あった話ということである。

東京のあるデパートメントのショーウインドーに、四、五千円もする立派な貴婦人用の丸帯が陳列されてあった。しかし、どうも売れないので、思いきって二万円也《なり》という高値の札《ふだ》をつけた。ところが、その札をつけたその日に、その丸帯は売れてしまったということである。

この事実はひとごとではない。私たちが人を見るのに、その人の身につけているものや、その人の肩書などによって評価しようとすることが常である。その人自身の真価を見ることを忘れて、その人の本質とは関係のない、ほかからもってきてその人にくっつけただけのもので、その人を評価しようとすることが多い。

帯そのものの実質的な価値よりも、帯につけた札に左右されるのと、少しも異なることがない。高価の札にほれて買った成り金の心情を、ひとごとのように笑うことはできない。

貪欲は損のもと

弱い身体《からだ》にはバクテリアがすぐ食いつくが、強健な身体にはなかなか食いつかぬらしい。病菌もばかにはならぬが、病菌を恐れるよりも、病菌に食いつかれやすいこちらの素質を恐れなければならぬ。

ある人が夜店の商人から、べらぼうに安い御召《おめし》の反物《たんもの》を買った。いい買い物をしたと喜んでいたが、帰ってよくよく調べると、食わせ物であったことに気がついて、大変悔《く》やんだ。そして、夜店の商人は悪いと恨《うら》んでいた。

夜店の商人もさることながら、それに引っかかったこちらにも反省が要《い》る。自分に深い欲があったから引っかかったので、御召の反物がそんなに安く買えるはずはないのだから、こちらさえ手出しをしなければ、だまされずに済んだであろう。

貪欲は結局、損をする。

陰の言葉

陰で他人の悪口を言う人と、人の前でおひげのちりを払うようなご機嫌をとる人とは、同じ程度に気をつけなければならぬと思う。面と向かってその人の短所を言ってくれる人と、陰で他人のことを褒《ほ》める人とは、同じ程度に信用のできる人だと思う。陰の心づかい、陰の行為、陰の言葉こそ尊いものである。

内を磨く

随分ばかげた話をしていても、どことなくゆかしさを思わせる人がある。

どんな苦労話をしていても、少しも暗さを思わせないで明るさを感ぜしむる人がある。真面目《まじめ》に一生懸命に話をしていても、どうも下品な感じをいだかしめる人もある。

黙っていても、何かしら犯し難いものを訴える人。どんなに顔に青筋を立てて怒っていても、滑稽《こっけい》を思わしむる人。実に筋の通った話をするのに、何の魅力ももたぬ人。ひっかかり、ひっかかりして、話としては決して上手《じょうず》ではないのに、何とも言えぬ魅力をもつ人がある。

これは話だけではない。

服装一つにしても同じことで、粗末なものを身につけていても、決して賤《いや》しく見えない人もあるし、高級なものを身につけていながら、少しも引き立たぬのみか、かえってそれが下品に見える人さえある。

それはその人柄《ひとがら》が然《しか》らしむるのではないか。人柄をつくり上げるのに最も大切なものは、やはりその人の精神であろう。

人間は生活全体のうえに、あらゆる方面からよりよく改めることに留意するのは結構なことではあるが、その根本的なものは外から見る形ではなくて、肉眼では見えぬ精神生活に磨きをかけるということである。

外側のことには気がつきやすいが、肝心要《かなめ》の内側の精神を磨くことが、お留守になりやすい。これができなければ本物にはなれぬ。

魂にふれるもの

上手《じょうず》な話が、いつまでも人の心を支配するとは限らぬ。たった一度聞いた下手《へた》な話が、いつまでも心に残って生涯を支配するようなことがある。

会った時は、本当に如才《じょさい》のないもてなしをしてくれるのに、一度別れると、再び思い出しもしなければ、懐かしさも感じないというような、その場限りの人がある。それに反して、会《お》うている時には、むしろ無愛想にさえ思われ、物足りないような思いさえする人が、いつまでも忘れられないで、日がたつほどに思い出されて、懐かしさを増すことがある。

本当に人と人とがふれ合うのは、技巧や政策ではない。もっとほかに、底に流れている何ものかがあるらしい。

空虚な能弁家

彼は人に会うと、相手の顔ばかりを見て、それからそれへと喋《しゃべ》る。ひとたび壇上に立たしめたら、立て板に水のように喋り続ける。実に能弁家である。しかし私は、彼との対座において、彼の講演において、彼自身が語るのを聞いたことがない。

彼の数多い言葉は、ただ彼の口の動きから発する、意味をもつ音響にすぎない。彼自らの魂から出た言葉ではない。私はいまだかつて、彼の声を一度も聞いたことがない。

彼はよく喋る。しかし彼は、いまだかつて自己を語ったことのない人である。

真実には飽きが来ぬ

虚偽《きょぎ》は、どんなに飾り立てても、どこかに見苦しいところがある。色の黒い女がこてこてと白粉《おしろい》を塗っても、なんとなく澄んだところがない。しかし真実は、それがどんなに不用意に投げ出されても、どことなく美しさを思わせる。美しい女の無造作な姿に、また捨てがたいあでやかさがある。虚偽はいかにしても結局、見苦しい。真実には飽きが来ない。

裸の礼節

詰所の風呂は銭湯同様に、大勢のものが入る。このごろのように寒い時には、あとから浴槽に入るものは「冷えておりますから、ご免ください」と、先に入っている人々に挨拶《あいさつ》をしてから身体《からだ》を割り込ましてもらう。また、入る前には必ずかかり湯をして、不浄のところを洗ってから入る。この風習は、まことにいいものである。西洋人などは、日本の風呂文化を見て、ひどく野蛮《やばん》に思うらしいが、そのなかにもこうした一つの礼儀がある。

近時、西洋流の社交上の礼儀というものが、いたくやかましく言われるようになってきた。電車のなかで股《もも》を出してはならぬ、外出には帽子をかぶらねばならぬ、洋服の時には手袋をはめねばならぬ、食堂に入る時はネクタイをはずしてはならぬ、上着を脱いではならぬ等々。

こうしたいかにも文明人らしい西洋風の礼儀に慣れた人たちが、銭湯にでも行くと、まるで自分一人の世界のように、さして熱くもない湯へ水栓から水を滝のように出して日向水《ひなたみず》にしてしまったり、上がり湯にかかる時でも傍《ぼう》若無人《じゃくぶじん》の態《てい》で、あたりの人の頭に湯のはねかえるのにも何の頓着《とんちゃく》なく、極めてすましたものである。

「失敬」のひと言を述べることさえ知らぬ人々を往々見ることがある。

衣裳《いしょう》を着けた時にだけ礼儀があって、裸体の時には礼儀がないとでも思っているのだろうか。

現代人の心持ちは、すべてが「衣裳的」に傾いてきているように思う。もちろん、こうした礼儀も必要ではある。しかし、人間の気持ちと気持ちとが直ちにふれ合う赤裸々《せきらら》の世界も、重要なものでなくてはならない。

人と人とがいつも裸の気持ちで付き合ったなら、どんなに私たちの生活が真実なものになるであろうかと思う。裸体同士の気持ちから薫染《くんせん》された礼儀、裸体の世界の道徳というものの大切なことを、しみじみ思う。

◇

それはひとり銭湯のなかのことのみを言ったのではない。私たちの日常のすべてにわたって、裸体の道徳が忘れられて、衣装を着けた時にのみ道徳があるように思われるのが寂しいと言いたいのである。

もったいなさを知る心

今日の若い人々は新聞紙などでも平気で粗末に使う。甚《はなは》だしいのになると、便所にまで用いる。活字の発達した今日の人々には、さしてそれが悪いことでもないように思われるのであろうが、昔の人は文字というものに対しては実に謙虚な心持ちをもっていた。文字の書かれてある紙片を鼻紙代用にしたり、便所へ持ち込んだりするようなことは絶対になかった。気持ちのうえで、そうしたことは到底許されなかったのであろう。

私はあえて、新聞紙やその他の印刷物の利用をとやかく言うのではない。もう少し何事に対しても謙虚な心持ちがあっていいのではないかと思う。

◇

ものに対する謙虚な心持ちが、生活刷新にいかに大きな影響を及ぼすものであるかを、しみじみ思う。

生活を改善するということは、ただ功利的な、表面的な経済上のことだけではない。もっと根本的なものを見る心持ちにまで及んで、初めて徹底を期することができるであろう。

あんまりすべてが上すべりしすぎていないか。

◇

このごろ経済の問題がなかなかやかましく論議されるようになったのに、「もったいない」ということをあまり言わないようである。これを抜きにしては、どんなに経済問題が論議されても、現実には解決はつかないのではないかと思う。本当にもったいないということを知る生活には、行き詰まりはないはずである。

もったいないということを知らずに、いったい何が解決できよう。一切の問題もここから出発しなければ、決して根本的な解決ではない。

◇

「一銭の金を粗末にするものは、一銭の金に不自由をする」という諺《ことわざ》がある。一枚の菜の葉を粗末にするものは、一枚の菜の葉にも不自由をする日が来るとも言える。一粒の米を粗末にするものは、一粒の米にも不自由をする日の来るのは当然ではないかと思う。一杯の水を粗末にするものは、一杯の水にも不自由をせねばならぬのも、また道理であろう。

子供のころ、よく老母が、ご飯粒をこぼしたら目がつぶれる、と私に教えてくれた。そのころは何とも思わずに聞いていたが、いまになって、目がつぶれるどころか、身体《からだ》がつぶれてしまうかもしれぬとさえ思う。

無限の恵み

天地は一軒の家である。

一枚の瓦《かわら》をはがれても雨は漏《も》る。屋根は腐る。ましてや一本の柱を抜かれては、やがてその家は崩れてしまう。

◇

宇宙は一個の肉体である。

肉眼で見えぬような小さい埃《ほこり》が目に入っても、涙が出て困る。ものを見るに不自由を感ずる。たった一本の歯が抜けても、ものが食べにくい、ものが言いにくい。

お日様のお照らしが一時間でもなかったら、どうなるだろう。

お水がたった一時間でも地上になかったら、どうなるだろう。

空気がたった一時間でもこの地上から消え去ってしまったら、どうなるだろう。

想像するだに恐ろしい。

植物の一本も生えない世界。

女ばかりで男のいない世界。

男ばかりで女のいない世界。

こんな世界を想像したらどうであろう。

動物の排出する糞尿《ふんにょう》や炭酸ガスは、植物にはなくてはならぬ滋養物であり、植物が排出する酸素は、動物になくてはならぬ生活素である。

互い立て合いたすけ合いは宇宙の原則である。天も、地も、人も、動物も、植物も、一切のものが互いに立て合いたすけ合《お》うて、一個体を形成しているのが宇宙である。

宇宙は事実において生きている、呼吸をしている、そして歩み続けている。

それを悟る時、私たちはわがままであってはならぬ。利己的であってはならぬ。

絶えず、己を省《かえり》み、自らを慎《つつし》み、自分と他の一切の関係を深く思わねばならぬ。

それぞれの柱に、それぞれの重みをもたしてあることを悟る時、自分一人の行為と思わるることにも、重大な責任を感じなければならぬ。

せめて一日三度の食事を頂く時だけなりとも、敬虔《けいけん》な心持ちで反省したいものだ。

◇

一椀《わん》の飯にも、天の恵み、地の潤《うるお》いで、数知れぬ人々の尊い勤労が、いっぱいに盛られているのだ。凡常な日々の生活のなかにも、尽きせぬ恵みを限りなく頂いていているのだ。それだのに、無意識に過ごす私の生活は、ほとんどこの無限の恵みも、有り難さも見失ってしまって、時には不足の心持ちさえ頭をもたげることの多いのは、何という恐ろしいことであろう。

人間一茶を想う

あかね色さす信濃路《しなのじ》の暮雪《ぼせつ》は、ゆるく山の彼方《かなた》をいろどっていた。東の山から出て、西の山に入る太陽は、一日の勤めを果たして、昨日の勤めの楽しさを思いつつ、さも満足げに森の向こうに、すべり落ちようとしている。

それは、寒い冬のある日のことであった。

この夕暮れの寒空に、親と離れた一羽の小雀《こすずめ》が、ふるえながら餌《えさ》を探していた。親のない小林一茶《こばやしいっさ》は、この雀のしょんぼりとした哀《あわ》れな姿を見て、もうたまらなくなった。

　我と来て遊べや親のない雀

親を失った一人ぼっちの寂しい一茶は、雀でもよいから同じ情の汲《く》める友達が欲しかったのである。

雀を見つめている一茶の眼《め》に、熱い涙がにじんだ。一滴二滴、涙は彼の痩《や》せた頬《ほお》をなでた。けれども一茶には、それを拭《ぬぐ》おうとする気持ちさえも起こらなかった。尊い人間性のこもった彼の涙は、美しい真珠のように純真なものであった。

一茶は、三歳の時に母親と別れ、十四歳の時に家から追われ、五十二歳になって初めて郷里柏原《かしわばら》に一家をなすまで、およそ四十年間さすらいの生活を続けた。その長い間の、にがい人生の体験が、彼の人間性をあくまで豊富にしたのである。

「親のない子はどこでも知れる、爪《つめ》をくわえて門に立つ、と子供らにうたわるるも心細く、大方の人交わりもせずして、裏の畑に木萱《きかや》など積みたる片陰に踞《うずくま》りて、長の日を暮らしぬ。我が身ながらも哀れなりけり」と嘆《たん》じている。

一茶は子供のころから、家庭の人々や世間の冷たい空気に抑えつけられて、死ぬまで人間らしい苦しみを続けた人である。その耐えがたき人生の苦しみから救われようとして、限りなき大自然の愛にすがったのである。彼の十七文字は、彼の宗教に対するお題目であった。彼こそ、苦に徹して苦を解脱《げだつ》する道を発見した宗教徒のようである。

この人間・一茶の、一生を通じての所業はすべて、彼の血のにじみ出るような人間苦の体験から生まれたものである。継母《ままはは》に苦しめられた彼は、潮風に耐えて咲くハマエンドウのように、なよなよと、しかも根強く生きたのである。おそらく彼ほどに、深い人間的苦悩を体験した人は、あまり多くはないであろう。そして彼ほど、その苦悩を超越して、浄土の寂光《じゃっこう》を味わった人も少なかろう。彼の芸術を味おうて、涙を誘われるのは、彼の人間的体験が深かったためである。

人間にとって、体験ほど尊いものはないと思う。私たちの日常生活においても、時々刻々《じじこっこく》と体験を経てゆく、その体験の一つ一つを通じて、人生を見つめることを忘れてはならない。体験は人間のいのちである。

しかしながら、強《し》いて求める体験は、好奇的精神から起こる一種の遊戯ではないか。求めなくとも、平凡な我々の生活のうちにも、日々、自然に降りかかる出来事が数限りなくある。それをどう処理するかということが大切なのである。いかなる出来事にしても、自然に己に降りかかってくることは、これを喜んで受けなければならぬと思う。意に合わぬというて不足を思い、苦しいというてかこつのは、体験者ではないと思う。

いやしくも道に生きようとするものは、いかなる運命に対しても、降りかかるものは敢然《かんぜん》と受ける決心がなくてはならぬと思うのである。生きた体験は、人生の内容を豊富にする。

一茶の生活態度は、消極的ではあったが、その根底には確かに根強い力があったと思う。

故郷《ふるさと》やよるも障《さわ》るも茨《ばら》の花

の土地に住みながら、彼の心持ちは平和なものであった。誰《だれ》が礫《つぶて》を投げても、彼のこの平和な心境を波立たせることはできなかったろう。私たちの最後の願いは、この心境を味わうことである。

うつくしや障子の穴の天の川

これは彼が病床で詠じた句である。死に臨みながら、従容《しょうよう》として、暗い夜の空に幻《まぼろし》のように長く流れている銀河を眺《なが》めて、自然の美を詠じた一茶の心境には、頭の下がる思いがする。

私は、呼吸《いき》づまるような人生の苦境にあっても、その体験のなかから静かに深い人生の味を噛《か》みしめてゆけるような、人間らしい人間になりたい。

病床雑記

ようぼく

先日、京都大学のH博士と語った時、博士は、一流の医者は決して自分の力で人をたすけ得るとは思わない、二流の医者は自分の医術で病人をたすけ得たと思っている、三流は論ずるに足らずと言われたが、全く同感である。

この世のなかにある、ありとあらゆるもの、一として神の摂理と守護によらざるものはない。

いかに名薬が製造されたとしても、それを注射し、あるいはそれを飲むと効くという、その体内の作用は神の摂理である。

私は博士と同じことを、他の言葉で言い得ると思う。

一流の農家は、決して自分の力で米や麦を作ったとは思わないであろう。二流の農家は、自分の力で農作物を作ったと思っている。三流に至っては論ずるに足らずである。

もちろん、農家は種を蒔《ま》き肥料を与え、手入れをする。一つの収穫を見るまでには並々ならぬ苦労と努力を払う。しかし、種が皮を破って青々とした芽を出し、それが日ごと日ごとに成長して実るのは、実に天の恵み、温《ぬく》みと水気《すいき》の神の守護と摂理によらずして、何人《なんぴと》が一粒の種から新芽を出すことができよう。

農家は田地を相手とする神のようぼくであらねばならぬ。

医者は病気を相手とする神のようぼくであらねばならぬのである。

一切の科学者然《しか》り、芸術家然り、教育家然り、実業家然り、政治家然りである。

世界の森羅万象《しんらばんしょう》、一として神の懐《ふところ》住まいにならざるはない。神の摂理の外に存する何ものもない。

この真理を人々に知らしめ、相互いに立て合いたすけ合って、陽気ぐらしを実現するものこそ道のようぼくである。

道のようぼくの使命は限りなく大きく、そして広い。

小さい狭い見方では道を誤り、ついに使命を果たし得ぬ。

療養の生活

長い病床の療養生活は、スプーンレースのようなものである。

スプーンレースでは、あまり急ぐとスプーンの上にのっけてあるボールが落ちる。さりとてボールにのみ気をとられて心配していると、足元がお留守になって後れをとる。急げばボールが落ちるし、ボールにのみ気をとられているとゴールインができない。そこにスプーンレースの興味がある。

病人が病気を恐れて心配ばかりしていては、いつ起き上がれるやら分からない。といって病気をばかにして乱暴な態度に出ては、病気に敗れて療養の目的を達することができない。療養の秘訣《ひけつ》というか、難しさはここにある。

一切は神の摂理によらねばならない。神の守護は最も自然であって、少しの無理もない。この一点を摑《つか》むことは難しいが、療養の秘訣とも言い得る。医者をばかにしてはならないことは言うまでもない。しかし、医師の言うことを恐れてはならない。それはちょうど、スプーンの上にのっているボールにのみ捉《とら》われて、足元を忘れているに等しい。反対に、医師の注意も聞かず勝手な行動をとることは、スプーンの上にあるボールを忘れてゴールインを急ぐに等しいので、このレースの目的を果たすことはできない。

宗教の世界は絶対に非科学的であってはならない。といって科学の世界は、まだまだ万能ではない。

人智の計り知れない神秘の世界がある。超科学の世界がある。神の奇跡を信ずる人は超科学の神秘を目指しているのである。宗教の世界には、超科学の神秘はあっても、非科学の世界はない。

見舞いの言葉

十年以上も会わなかったある老人が突然、病床を見舞ってくれた。

病気と聞いていたので心配していたが、今日はお目にかかれて、こんなに嬉《うれ》しいことはない。あなたのお父さんは、八十八歳までのご長命であった。

どうかあなたも長生きをしてくださいよと、幾度かその言葉を繰り返しつつ、懐かしさに手を握って涙を落とされた親切の嬉しさに、私の両眼もうるんだ。言葉としては、ただそれのみで、ほかに何も言われなかったが、私の感銘は深かった。

その老人と入れ違いに、また幾年か会わなかった旧友が見舞ってくれた。不思議な日である。

人間はみな死ぬんだよ。死なない人間は一人もいないんだよ。世界の人間ことごとく死ぬんだよ。ね、分かった、と、旧友の言葉はこれのみであった。そしてまた老人と同じように、私の手を握り涙を落とした。私も涙を流した。

老人の言葉と旧友の言葉とは正反対のように聞こえるが、考えてみると、どちらも私を心から見舞ってくれる有り難い言葉である。

人はいかなる苦悩に出合うとも、自ら失望してはならない。生きるということは望みを捨てないということである。自らあえて望みを捨てなくとも、出直す都合のよい時は、神様のみが知っておられるのである。私たちはただ、光のみを求めておればよい。希望を失わぬということは、生《い》くるものの最も大切なことであると同時に、闘病の秘訣《ひけつ》でもある。

安静

長期の病床生活には、安静が唯一である。安静といっても、普通お医者が言うように、身体《からだ》（肉体）さえ静かにしておればいいというのではない。心の安静が最も大切である。どんなに身体を静かにしていても、心が乱れたり、不足を思ったり、暗い気持ちでいては、それは決して真の安静とは言い得ないであろう。

心を静かに、喜びと感謝に満ち溢《あふ》れた明るい心境に親しむということが、何よりも大切である。

どんなに苦しい生活のなかにも、喜び得る世界が限りなくあるものである。これを発見することが大切である。

信心とは感謝の発見であり、喜びの発見である。これを発見することが、真の安静というものである。

病人には滋養物もよかろう。お薬もよかろう。しかし、さらにさらに必要なものは心のお薬、心の養いである。

滋養は腸や筋肉を通じてのみ得られると思うことは偏見である。目からも耳からも、心の滋養分を求めねばならない。見て喜び、聞いて感謝をする。そして、明るく豊かに心を太らせる。これが安静の秘訣というものである。

愛と智

人に会うことの好きな私は、おそらく今日まで面会を求められて、いまだかつて一度もお断りした記憶はない。このことは健康で飛び回っていたころもそうであったが、病床に就いてからも同じことである。

昨年だったか、医師の切なる勧めで「面会謝絶」の貼《は》り紙を玄関に出させられたことがあった。私自身、なんだか大きな掟《おきて》を破ったような気さえした。

しかし、病人の状態が悪い時、医師がかく命ずることは、あまりにも当然の常識なのであろう。

通路からこの貼り紙が目につくとみえて、親しい人たちは、オヤ岡島は大分悪いらしい、いまのうちに見舞っておいてやらねば——という気もしてか、かえって「面会謝絶」が逆効果を奏して、さもなければ別に会わねばならぬ用件のない人まで見舞ってくださって、かえって面会人が増えたという奇現象を呈した。

そのとき感じたことは、人と会って非常に疲れを感じる時と、反対に相当長時間話し合ったにもかかわらず、少しも疲れず、かえって心が晴れ晴れして元気の出るような時もあるということであった。

同じものを食べるのでも、おいしく食べたのと、いやいや食べたのとでは非常に相違することは事実である。

人と会うのでも同じことだと思う。面会、必ずしも悪いとは思わぬ。面会しないことが、必ずしもいいとは思わぬ。相手の心持ち、こちらの心持ち、これが最も大切だと思う。

人を生かし、己を生かすためには、人は愛ばかりではいかぬ。愛の裏づけとして智がほしい。智の裏づけとして愛がほしい。

愛と智、智と愛、この調和が、見舞う人にも見舞われる人にも大切である。これは病床に限られたことではない。人生に必要なことである。

陽気づくめ

いつまで信心したとても　陽気づくめであるほどに
これは教祖《おやさま》の教えられた言葉である。

お道を信心するものが心に暗い影を宿すのは、信心を失っている時である。その時こそ深い反省を要すべきである。

親鸞《しんらん》の言葉に「善人なおもて往生《おうじょう》遂《と》ぐ、いわんや悪人をや」がある。善人でさえ往生するのだから、悪人はなおさら往生ができるというのである。

私は「健康人すら有り難さを知る、いわんや病人においてをや」と言いたい。

お腹《なか》の満ちた人にさえ、食事の尊さが分かるくらいなら、空腹のものにはなおさら分かるはずである。

健康な人に健康の有り難さが分かるくらいなら、健康を失っている病人には、なおさらその尊さが分かるはずである。

病床に横たわる私には、身を動かすことが不自由であるだけに、眼《め》の見えること、口のきけること、耳の聞こえること、手の動くことなどが、いかに限りなき喜びであることか。一つの不自由を知ることによって、百の自由用《じゆうよう》を悟ることのできる病床の生活に、感激を覚えずにはおれない。

いつまで信心したとても　陽気づくめであるほどに

なんという深い言葉であろう。

無病息災、商売繁盛、家内安全――こんなご利益《りやく》を信心の金科玉条《きんかぎょくじょう》にしている人々がありとすれば、気の毒もまたこの上ないことである。

身上・事情は神の手引きではあるが、信心入門の機縁にすぎないことを忘れてはならない。

問題は「人」に

「上戸不知酒之毒、下戸不知酒之薬」という句がある。

ある人は飲酒は罪悪の元だと言い、ある人は酒は活動の源泉だと言う。同じ酒についてさえ、全く相反する二つの意見がある。

こんな簡単な事実にさえ、正反対の意見が現れる。

酒は毒でもなければ薬でもない。また、酒は毒でもあれば薬でもある。ということは、酒そのものに意味があるのではなくて、それを飲む場合、それを飲む程度、いや、それを飲む人によって、百薬の長にもなれば、生命を失う害毒にもなる。

こうしたことは、もちろん酒のことのみではない。我々の身辺に起こる現象の大方は、その人の扱い方、その人の考え方によって決められるであろう。同じ一万円の金で人を生かす場合もあれば、人を殺す場合もある。要は、「人」の問題である。

それを思うと、私たちの日々の生活というものは、実に大きい問題である。修養を怠《おこた》ってはならない。反省を怠ってはならない。思慮を誤ってはならない。

この現実の世界を地獄にするのも、極楽にするのも、私たち「人」の問題である。

人になること、人をつくることほど、この世の大事業はあるまい。教祖《おやさま》は「ここはこの世の極楽や」と仰せられた。私たちも、ここまで進んでこそ自らが救われ、また教祖に安心していただけるというのである。

この一点

庭に植えられた草木は、太陽の光を受けて成長し、雨に濡《ぬ》れて伸びる。それに引きかえ周囲の板塀《いたべい》は、年ごとに腐りこわれてゆく。同じ日の光を受け、同じ雨に濡れ、同じ風にさらされつつ、片方は伸び、片方は縮む。成長するものと、腐敗するもの――。

前者は生きている。後者は枯死《こし》している。

生けるものは歳月とともに成長し、死せるものは歳月とともに滅亡する。

我々の信心もまた然《しか》りである。一日一日と陽気に豊かに心の太る人があるかと思うと、一日一日陰気に寂しく心の細る人がある。前者は生きた信心の所有者であり、後者は死せる信心の所有者である。

教祖は、世のなかの一切の事象は神の慈悲の現れであり、精神の糧《かて》、魂の肥《こえ》として内に育《はぐく》み生かすよう説かれたのである。ひたすら人間生活の歓喜と世のなかの進歩発展の活路を教えられたのである。

私たち日々のものの考え方、扱い方、生活のあり方が、どの程度まで教祖に向かっているか。

伸びる、縮むの活殺《かっさつ》の岐路《きろ》は、ただこの一点にある。

師なきは信なきなり

新聞を見ていると、自殺や心中の記事が最近、特に目立って多いように思う。

生き永らえようとする努力が、生きとし生けるものの本能である。なぜ、こんなに簡単に死の道を選ぶのであろうか。

本人たちにしてみれば、その時はもう、それよりほかに取るべき手段とてもない、絶体絶命の最後の道と思い詰めたのであろう。

第三者からすれば、あまりにも愚かな道に思える。死ぬくらいなら、どんな解決の方法も、打開の道もついたであろうに、と思われる。

けれども本人たちにしてみれば、少なくともその瞬間は、決して笑いごとや酔興《すいきょう》ではなく、文字通り真剣そのものであるに違いない。

ところが、それが何かのことで、幸か不幸か未遂《みすい》に終わった場合、その道を再び選ぶ人は、おそらく皆無と言っていい。むしろそれを大きな過ちとして、心から悔悟《かいご》するであろう。

人間は、平常時は太平楽《たいへいらく》を並べていても、ちょっと行き詰まると実に弱いものである。五里霧中《ごりむちゅう》になる。自殺するのも、反対に、人殺しや強盗を犯すのも、弱さから来る不明の行為である。気がついた時には、ただ悔恨《かいこん》の情のみが残る。

人は弱いのだ。だから信が必要なのだ。

諺《ことわざ》に「師なきは信なきなり」という句がある。師とはよき相談相手である。信とはこの、よき相談相手をもつことである。

よき相談相手をもつ人に過ちはない。一人でよい。人は一切を打ち明け得る師を一人もつべきである。

よき師をもつ人は強い。よき相談相手をもつほど、人間にとって幸福なことはない。

一名一人限り

真の信仰をもち得るほど、人生に大きい力と深い喜びを与えることはあるまい。それだけに真の信仰というものは、流行病にかかるように、そう簡単に誰《だれ》も彼もが、容易に摑《つか》み得るものではない。

偏狭頑迷《へんきょうがんめい》な信仰は、時に己を傷つけるばかりではなく、他を不幸に陥《おとし》いれることさえ少なくない。

信仰は、その人の人生経験の深浅《しんせん》に裏づけされるもので、ただお説教を聞いたり、書物を読んだりしただけで得られるものではない。

聞いたお話をどう悟るか、読んだ書物がどう消化されるかということは、その人の教養の程度によって決せられるのである。

同じ話を聞いたから、同じ書物を読んだから、同じ程度の信仰をもち得るというものでもない。

苦悩のどん底に落ち、絶望の深淵《しんえん》に身動きならぬ時、その底から目にふれたひと筋の光明、心耳《しんじ》にひびいた優しくも温かい何ものかの声、これこそが神の守護であり、何ものにも奪われざる歓喜であり、不動の信念であろう。信念の人は常に謙虚である。そして明るく優しい。しかも、犯し難い徳が備わる。

口先や手先では、真に求道も布教も伝道もできるものではない。人々よ、苦しめ、悩め。そして人事の限りを尽くせ。人事の限りを尽くした時のみ道が開ける。陽気の世界が開ける。

信仰は、一名一人《いちめいいちにん》限りのものである。自らが開拓すべきで、ほかから塗りつけられるものではない。もし塗りつけられたものであれば、それはやがて、はげる日が来る。

本末の転倒は怖い

小恩は悟りやすい、大恩は悟りにくい。

人から受けた恩は悟りやすいが、神から受けている恩は悟りにくい。

◇

信心とは、この神恩を悟ることだ。したがって信心の生活とは、広大な神恩の自覚から出た報恩の生活である。

◇

ひのきしんとは、この神恩報謝の生活である。生活の様式は一様ではないが、底を貫くものは、この一念以外何ものもない。

◇

しかし、ひのきしんによって神の恩寵《おんちょう》を受けるのではなく、神の恩寵の自覚から、ひのきしんの生活が生まれるのである。

◇

子供が親孝行することによって、親が子を可愛《かわい》がるのではない。親の子に対する愛は、絶対にして無限である。子供がこの親の愛を悟る時、親孝心の念が自《おの》ずから湧《わ》き上がるのである。

◇

親の子に対する愛情は、ケチくさい功利的な打算から出発したものでないくらいは誰《だれ》にも分かる。

◇

神の愛に至っては言うまでもない。

◇

神の恩寵を得るために、おつくしや心定めをせねばならぬなどと思っている人があったら、それこそ大変だ。神はそんな商売人じゃない。功利的打算は迷惑至極《めいわくしごく》。

◇

神の恩寵慈悲は絶大無限である。反対する者も可愛い我が子、念ずる者はなおのこと、といわれている。

◇

神の摂理、恩寵の無限なるを悟ることが、心を保つただ一つの要諦《ようてい》である。ここから一切が開ける。一切が解け、歓喜が生まれ、陽が生ずる。

◇

人類の幸福も、世界の平和も、一切がここから生ずる。これ一つだ。本末の転倒は怖い。

忘れやすい

亀と兎《うさぎ》と競争して亀が兎に勝ったのは、亀が兎より足が速かったからではない。亀の足は兎と比べてはるかに遅いが、全力を尽くして歩んだこと、油断というものがなかったこと、それに反して兎は、己の足の速さにうぬぼれたこと、そこに油断という大敵が現れたこと、そこに勝敗の鍵《かぎ》があったのである。

◇

金があったら事業に成功し、人生が幸福になるとは限らない。金がなかったら事業が不成功に終わり、人生に敗れるとも限らない。

事業に成功するのも人生を幸福にするのも、ものの有り難さを知ること、もったいなさを知ること、そこに鍵があることを忘れてはならない。

だからといって、あえて金の不要論を唱えるのでないくらいは明々白々《めいめいはくはく》。金以上に大切なもののあることだけを忘れてはならないのである。

明日の天気如何

明日どこかへ出掛けたいと予定を立てている人が、あやしげな夜の空を眺《なが》めながら、

「ネエ、いかがでしょう。明日のお天気は」

甲曰《いわ》く「大丈夫ですよ。明日は絶対に雨など降りはしませんよ。しっかり神様にお願いして、おやすみなさいませ。あなたの日ごろの精神がいいから、断じて降りはしませんよ……」

乙曰く「そうですね、だいぶ天候が悪そうですね。お天気だといいけれども、降るとお出掛けに困りますね。マア、少しはお邪魔でも、雨具の用意だ

けして、お出掛けになるのが安全ですね」

夜が明けた。昨夜の天候とは全然異なった好天気。朝日は燦々《さんさん》と輝いて、一片の雲もない日本晴れ。彼女は喜んで目的地へ出掛けた。

用件を果たして夕方、無事に彼女は我が家に帰ってきた。

甲に曰く「本当にあなたのおっしゃった通りよ。神様は本当に願い通りね。私、昨夜寝る時に、神様にどうかお天気になりますようにとお願いしたのよ。どう今日のお天気、実にいいお天気だったわ」

乙に曰く「雨具の用意などしていけと言われたけれども、こんなにいいお天気に雨具などもっていったら、それこそ笑いものよ。甲さんは、絶対お天気だとおっしゃったわよ。あの方の言うことは、さすがに信仰心があるだけにはっきりして、予言がピタリと的中するんだもの、本当に敬服するわ」

甲、得意満面で「でしょう。私の言うことは絶対間違いはないわよ」

乙「私、本当にすみませんでしたわ。でも、せっかくお出掛けになって、途中で雨にでも遭《あ》われては、と思ったものですから」

まぐれあたりは喜ばれ、正しい答えは用いられざるのみか、恨《うら》まれることさえある。世の中は面白《おもしろ》くもあり、情けなくもある。

神の懐住まい

種を蒔《ま》く、肥《こ》やしをやる、手入れをする、穫《と》り入れをする。かかる努力はお百姓の仕事である。

しかし、蒔かれた種から芽を出させ、それを成長せしめ、花を咲かせ、実を結ばしめるのは、天の恵み、大自然の営みである。すなわち、神の摂理にほかならない。

また、種を蒔くにしても、肥やしをやるにしても、その他お百姓の努力一切は、自然の法則に沿わねば何の効果も上がらない。季節はずれの種蒔きや手入れは意味をなさない。

すべてが神の意思に従い、神の摂理によってのみ、事は成る。

◇

医師は病人に薬を与える、手当てを施《ほどこ》す、手術をする。しかし、与えた薬が病者に効くのも、施した手当ての効果が見えるのも、なされた手術で癒《い》えて元通りに回復するのも、自然の法則に合致し、神の摂理を受けることによってのみ達せられるのである。

世のなかのこと、ことごとく神の意思と神の摂理によってのみ成熟する。これを無視し、これに逆行して成り立つ何ものがあろう。

◇

人は往々にして、信仰と科学とは相対するもののごとく言うことがある。愚《ぐ》もまた甚《はなは》だしい。

科学とは、自然の法則（神の意思）を究め、自然の力（神の摂理）をいかに頂くかを知ろうとする努力であって、神の思惑や神の摂理を無視する営みや行為こそが、非科学的と言うべきである。

科学と信仰に矛盾《むじゅん》などのあろうはずがない。

すべてが神の懐《ふところ》住まいだと仰せられた所以《ゆえん》もまた、ここにある。

あとがき

数年前のこと、いまは文壇にカムバックされている庄野誠一《しょうのせいいち》氏が養徳社の出版主任のころであった。私がかつて発表したもののなかから拾い集めて、適宜《てきぎ》に分類してくださったのが本書の骨子である。一応私に目を通させてから、当時続刊されていた養徳叢書《そうしょ》の一部として出版しようと考えておられたのである。私はその原稿を預かったものの、病勢が悪化して、とても目を通す勇気もなく、そのまま本棚《ほんだな》の隅に押し込んだまま埃《ほこり》まみれに捨てておいた。病状は一進一退、一喜一憂であったため、その後、庄野氏も遠慮して何も言われないし、私も気の進まぬままに、それきりにしていたのである。

ところが昨年の秋ごろであったか、道友社の方が来られて、原稿があるそうだが出してくれないかとのお話であった。私はまだ目も通していないし、相変わらず気も進まぬので聞き流しの状態でいた。今年になってからも引き続き勧めに来てくださったので、一度目を通してからにしてくださいと言って別れた。それ以来、まだかまだかの根気のいい催促に、ついに私も断れなくなって病床で一読した。

一読して驚いたことは、どうして庄野氏が、この散逸した材料を集められたかということであった。私の手元には古いものは何一つ残っていないので、私から材料を提供するはずもない。それなのに、こんなに古いものまでよくも拾い集められたものだ。本書に収められているもので古いものになると、私の二十三、四歳ごろ、いまから三十四、五年も以前のものもある。

ただ遺憾《いかん》に思うのは、これを書いた年次が記録されていないために、さて出版するとなると、読者のほうで、筆致の一定していないために相当に読みづらい思いをされるのではないかということ、したがって興味も起こらぬのではないかという心配が先に立つのである。さりとて、私にはそれを調べる材料も、訂正する根気もなし、出版意欲の起こらぬのは前と同じであった。

道友社の勧めはますます強くなってくるし、致し方なく、とうとう根負けの形でお任せすることにした。したがって本書は、私の過去三十五年間に書いたもののうちから拾い集められた「寄せ鍋」式のものであるということだけ、まずお断り申しておかねばならぬ。

それにしても、長い間のものを丹念に拾い集め、似たものを一まとめにして適宜分類してくださった、最初のかくれた庄野氏のご努力とお骨折りには、いまさら頭の下がる思いがする。

今度の出版に際しては、道友社の上床、速水の両氏、それに元養徳社におられた青山女史などが、何くれとなくお世話くだされたことを特筆してお礼申し上げる。

また礒田道友社社長が、特に私のために序を寄せられたことは、望外の感謝と光栄である。

題名の「素心凡語」の素心とは私の求めてやまぬ心境、凡語は平凡人の言葉という謂《いい》にほかならぬ。大方の読者諸賢のご同情とご指導を祈ってやまぬ。

昭和二十六年四月

病床にて　　藤人手記

小伝に代えて

読者から、もし今後版を重ねる場合には、私の小伝を書き添えておかれたらどうですかというお手紙を頂きましたので、今度第三版を刊行するに際し、簡単な自伝を書き添えてみました。蛇足にならねばよいがと案じつつ。

私は本年、数え年の五十九歳になりました。明治二十七年七月、日清戦争の始まったころ、飯盛山《いいもりやま》の麓《ふもと》、小楠公《しょうなんこう》の遺跡、四条畷《しじょうなわて》神社に程近い大阪府北《きた》河内《かわち》郡豊野《とよの》村（現在、寝屋川《ねやがわ》市に編入）に生まれました。屋号を「酒善」と申し、先祖は酒造を業としていたということです。

父の代には酒造はやめて、農業の傍《かたわ》ら茶の製造を営んでおりました。商売は比較的都合よくいっていたようですが、家庭的には不幸であったようで、私の兄も病気でしたし、母も病身でしたし、私も生まれて間もないころから大患に見舞われたそうでして、そうした家庭的な不幸が機縁で天理教に入信し、私の六歳の時、田地田畑、家屋敷を売り払って、家族一同がおぢば（天理教本部の所在地）に引っ越してきたのであります。

当時、親類縁者は口を揃《そろ》えてこの挙に反対をいたしましたが、両親の求道心はやみがたく、親類と縁を切ってもの覚悟で引っ越したのですから、代々住み慣れた郷里を去るには、あまりにも寂しい別れでした。夜中、夜逃げ同様に、たった二人の下男と下女だけの見送りで、提灯《ちょうちん》の明かりを頼りに一里余りも離れた星田《ほしだ》の停車場へ山道を越えてたどり着いた姿が、いまなお目の底に染みております。

したがって私は、小学校は当時の丹波市《たんばいち》尋常小学校に入学し、さらに同じ丹波市の高等小学校へ進み、引き続き天理教校（四年制）に入学をいたしました。翌年、同校が天理中学校と改称せらるるに及び、天理中学校に編入をいたしました。その当時、私は病弱でありましたので、町の医者は小学校だけで中学校へは無理じゃないかと申しましたが、利かぬ気の私は、周囲の反対を押しきって入学したのでした。

五人の子供を四人まで亡くし、父は、私の身体《からだ》をとても心配して、あまり勉強するんじゃない、身体を大切にしなければいかんと、口癖《くちぐせ》のように申しておりました。それをいいことにして、私は中学三年ごろまでは全く学科の勉強などはしませんでした。そのおかげかどうかは別として、身体だけは頑健になりましたが、三年の時に、とうとう落第坊主になりました。ちょっと悔《くや》しかったが、いま思うとよい経験であったと、別に悔《く》やみもいたしておりません。

そんな具合でしたから、中学三年のころには野球と柔道の選手に選ばれ、あちこち遠征にも出かけました。中学五年の時、野球のコーチに来てくださったのが、有名な早大の名キャプテン飛田穂洲《すいしゅう》氏で、ひと夏、実に激しい指導を受けました。それ以来、飛田氏は私を非常に可愛《かわい》がってくださって、天下の名投手にでもするつもりか、否応《いやおう》なしに、私が中学卒業と同時に、早稲《わせ》田《だ》大学に引っ張ってくださったのです。したがって、早大文学部予科に籍を置きました。いまの郡山大教会長平野規知雄《きちお》先生も、同じ運命で早稲田に入学せられたものと思っております。

ところが、私の父は私が野球をやることを好みませんでした。無理もないのです。当時、中学で野球の選手になっているものの大半が、煙草《たばこ》はのむし、酒はのむし、いわゆる不良に類する行為が多かったので、あまり評判がよくなかったのです。野球がやめられぬなら、学校をやめて帰ってこいとの、度々の手紙でした。私は少なからず迷いましたが、幸か不幸か、その後一年ほどしてから、ひどい脚気《かっけ》にかかり、半年ほど静養のため郷里おぢばへ帰っておりました。全快いたしましたので再び上京いたしましたところ、そのころは徴兵逃れのため学校に籍だけを置く連中がありまして、私もあまり呑気《のんき》にかまえていたのが悪かったのですが、憲兵隊からその一味と目され、私には何の通知もなく、早稲田大学から除籍されてしまっていたのです。

学校へもいろいろ掛け合いましたが、埒《らち》が明かず困っている時に、先輩で東洋大学にいるものがあって、たまたま私の宿舎である三才寮へ訪ねてくれましたので、そのことを話しましたところ、それじゃあ、聞くか聞かぬか分からぬが、ものは試しだ、僕の学校へ一度話をしてみよう、もし入学許可をするようだったら入るかね、とのことでありました。私も駄目《だめ》だとは思いましたが、もちろん、いまからでも入れてくれるならばねと答えました。それは九月の初旬でしたが、東洋大学では四月から入学していたことにしてあげようとのことで、翌日から東洋大学の学生になりすまし、とうとう同大学を卒業してしまいました。

早稲田におりますころも哲学科を選んでおりましたし、東洋大学でも哲学科を選びましたから、校風や教授の顔ぶれこそ異なっていましたが、木に餅《もち》ほどの大きな矛盾も感ぜず、無事に学校は終えました。当時の私学は自由なものでした。今日の学生諸君が入学難に悩まされているのを見ると、本当に気の毒に思います。

それにしても、いまにして思えば、私のような凡才が野球を捨てて哲学などを学んだのは間違いで、むしろ早稲田で野球でも本気でやっていたら、もう少し、その方面ででも貢献することができたのじゃないかと思うことさえあります。可愛がってくれた飛田穂洲氏にも申し訳ないような感じがしております。

学校を卒《お》えてから約二カ年、九州の福岡で単独布教をやりました。三、四日は全然食べるものもなく、水ばかり飲んだ日もありましたが、今日になってみると、みな愉快な思い出です。私一流の布教でしたので、老いた両親も心配ばかりしていましたし、二代会長・井筒五三郎先生も帰るようにおっしゃったので、父母の膝下《しっか》へ帰り教会生活を送りました。その後、大原社会問題研究所の理事をしておられた高田慎吾先生のすすめで、神戸市の社会事業に従事したこともありましたが、やはり両親が心配しましたので、また帰ってきました。

ある時は母校の天理中学校の先生をさしてもらいましたこともあります。ある時は天理教校の講師をさしていただいたこともあります。が、主として詰所の仕事の傍《かたわ》ら、別科生や中学生のお世話を長らくさしてもらいました。

しかしながら、それだけでは満足できなくて、素人会《そじんかい》というような会をつくって、個人雑誌「素人」の発刊をやったり、座談会をやったり、各地で講演会をやったりしたこともあります。講演会では、いつも常岡君や柏木君なども応援してくださって、三人で講演を至る所でやりましたが、いつも超満員の盛況でした。いまでは三人三様の歩み方をしておりますが、相変わらず仲良く往来はいたしております。道のおかげです。

　昭和十二年、中山慶一《よしかず》氏の後を受けて道友社の編集主任に任命されたのが、本教の文書布教に直接関係さしていただいた最初です。その後、道友社長に任命されたり、教学審議会の委員に任命されたり、中山為信《ためのぶ》先生や高橋道男先生の総務長時代、二代にわたって総務としてお仕えさしていただいたこともあります。

　昭和十五年、天理時報社の発足と同時に社長に選任せられ、今日に及んでおります。戦争中、出版条例という面倒な規則ができましたので、それに合致させるために養徳社の創設をすることになり、松井忠義《ただよし》氏とともに、これに当たらしていただきました。戦後の社会情勢の変化に伴って、養徳社にも多少曲折はありましたが、最近、再度その責任をもたしていただくことになりました。

　昭和二十三年、諸井慶五郎先生が初代の教務総長に就任せられた時、よろづ相談所長の任命を受け、これまた今日に及んでおります。

　私は終戦後、病床につき、幾度か死の宣告を受けましたが、いまなお神様の加護によって生かされております。有り難いことであります。病気といえば大概は仕事から離れるのが普通ですが、先輩の導きと同僚の協力によりまして、病中いろいろの重責を兼務さしていただき、多忙な毎日を送らしていただいております。もう、いつ出直さしていただくやら分からぬ状態の病床生活ですが、最期のひと息まで喜びと感謝で終わらしていただきたいものと念じております。

あまり簡単すぎるかもしれませんが、これで小伝に代えさしていただきます。

昭和二十七年三月

病床にて　藤　人　記

復刊に寄せて

祖父・岡島藤人（本名 善次）が出直して半世紀という節目に、本書を復刊してくださるという。誠に嬉《うれ》しい限りである。

表題の「素心」は、藤人が求めてやまなかった境地。本書で「誰《だれ》の前に出ても、自分の信じていること以外は、言うたり、したりしない人間にならしてほしい」と、一信仰者としての求道ひと筋の思いを、てらうことなく、へつらうことなく記している。読み返して、いまさらながらに背筋の伸びる思いがした。

藤人の信仰は二代目である。本書巻末の「小伝に代えて」にも記されているが、岡島の初代夫婦は明治三十四年、長男をたすけていただきたいと田地田畑、家屋敷を売り払ってお供えし、大阪寝屋川《ねやがわ》の地から、大和《やまと》・丹波市《たんばいち》の芦津《あしつ》詰所に入り込み、道一条となった。

長男は幼いころ、顔見知りの人の後を追っていって山中ではぐれ、三日後にたすけられたが、精神に失調をきたしていた。入信後間もなく、二十二歳で出直した。続く明治三十八年五月には長女が二十歳で、二カ月後の同年七月には二女が十八歳で、いずれも結核で出直すという大きな節に遭《あ》っている。さらに、その翌年、三十九年二月には三女までもが幼くして出直している。

だが、信仰は捨てなかった。長男の出直しを「神様がお迎いとりくださったんや」と受けとめた母親は、娘たちが出直すたびに「私たちには、こんな深いいんねんのあったのを、今日まで知らずにきたのだっせ。神様がお慈悲で知らせてくださったのや。本当にありがたいことだす」と、晴れ晴れとした顔で言い、涙一つ流さなかったと伝えている。そして、周りの者が悲嘆に暮れるなか、「わしゃ天理教に騙《だま》された」と言う夫を、「私らは、この道行くより道ないねんで」と励まし、「こうしていてはもったいない。私、ひとっ走り、神様にお礼言いに行ってきまっさ」と本部へ参拝に行ったのである。

こうした母親の神一条、道一条の不動の精神と態度が、幼い祖父の心に焼きつけられたであろうことは間違いない。

祖父からすれば兄と姉二人、そして妹と、四人の兄弟を亡くし、一人だけが生き残って、岡島の家を、母親からの信仰を継いだのであるから。さらには藤人自身、三歳のころに食道がんの身上となり、九死に一生を得ているのだから。

そんな祖父が出直したのは、私が小学五年生の時で、思い出らしい思い出とてあまりない。たった一度、家の前で何球かキャッチボールをした時の祖父の笑顔だけが、記憶の底に残っている。人から聞かされるたびに、その求道の足取りはどんなだったのだろうと常々思う。

ある時、祖父の畏友《いゆう》の一人であったという柏木庫治先生の選集のなかに、藤人評を見つけた。

「藤人は議論をしても喧嘩《けんか》をしても、決して参らない。断じて参らない。参ることをしないというよりも、参ることを知らないのである。どんなことがあっても参らずに、どこまでも行くというよりも、そんな人柄なのだ。ネバリそのものが藤人なのだ。限りなきネバリを持っている。私の見るところ友人第一の強者《つわもの》である。

参らざる男、限りなきネバリの男である。実に不思議な男だ。

一度手を握った者、一度自分についてきた男、一度たすけようと君が手を出した男は、どんなことがあっても放さない。

君に迷惑をかけ、陰に回って君の悪口を言う等々、どんなことをされても、それさえたすけようとネバリ強く、決して参らないところに藤人の限りなき真実の持ち味がある。藤人を今日の藤人にしたのは、あのネバリ強さを道の理に生かしたのだ。否、生かされたのだ。

ある男が藤人にずいぶん厄介をかけ、しかも恩を仇《あだ》に返すような格好をする。

藤人は知らざるがごとく、いつまでもいつまでもかかえてたすけ心を注ぎ込んでいる。君はどんな者でも人を捨てることを知らない。

私はなんとしても、この点だけは君に譲らざるを得ない」

（『柏木庫治選集（六）道は八方』「僕の競争相手」から）

そんな藤人だが、終戦後から出直すまでのおよそ十五年間は病床に生きた。昭和三十二年、出直す四年前の状態は次のように記されている。「左の肺は不能、右肺もほとんど機能せず、健康人の四分の一ぐらいの働き。加えて心臓は肩の辺りまでつり上がり正常ではなく、血圧は低く、以前に患った胃潰《かい》瘍《よう》も全快していない。医者がこれで生きているのが不思議だと言われるくらいの病状」であったと。しかし、そんなななかにあって、お与えいただく御用、職責を一つひとつ果たしていった。

藤人は、自らのいんねんを一身に負いつつ、神様の思召《おぼしめし》のままに生かされる日々を生ききった六十六歳の生涯であった。

あらためて『素心凡語』を読み返し終え、奥付に目が止まった。昭和二十六年四月二十日初版発行。なんと私が生まれた年に出版された本が、こうして復刊されるのである。神様から、いま一度、親々の信仰を振り返り、自身の信仰も省みて〝勇躍の一助にせよ〟と仰せいただいたように思えて、身の引き締まる思いがしている。

立教百七十五年五月

岡島秀男（芦津大教会役員）

岡島藤人（おかじま・とうじん）
本名、岡島善次（ぜんじ）。明治27年（1894年）、大阪生まれ。大正８年（1919年）、東洋大学第一科（倫理教育学）を卒業後、約２カ年福岡で単独布教。その後、天理中学教諭、天理教校講師などを歴任。昭和12年（1937年）、道友社編集主任の後、同社長。15年、天理時報社発足と同時に社長（33年まで）に就任し、養徳社社長（20年から23年までと、26年から36年まで）、よろづ相談所所長（23年から35年まで）などを兼任。19年、本部准員。36年４月9日、66歳で出直し。著書に『阿呆礼讃』『求道遍歴』『求道一路』『風の声』などがある。

道友社文庫
素《そ》心《しん》凡《ぼん》語《ご》

立教175年（2012年）６月26日　初版第１刷発行

著　者　岡 島 藤 人

発行所　天 理 教 道 友 社
〒632-8686　奈良県天理市三島町271
電話　0743（62）5388
振替　00900-7-10367

TENRIKYO DOYUSHA

印刷所　株式会社天理時報社
〒632-0083　奈良県天理市稲葉町80

ISBN978-4-8073-0568-1
定価はカバーに表示